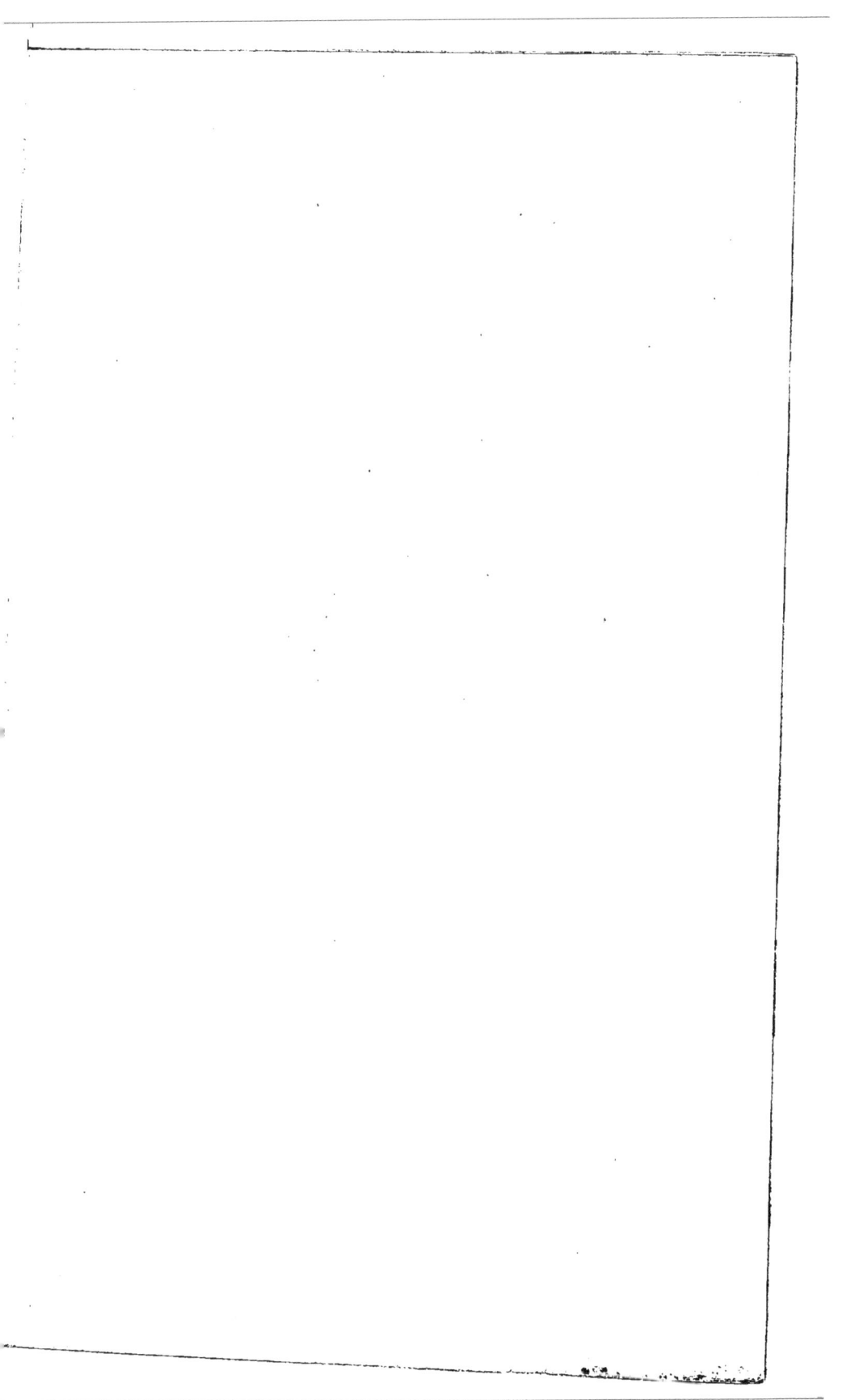

NOTICE

SUR

LE R. FR. HIPPOLYTE

ARTHUR-JEAN-MARIE GROLEAU

DE L'ORDRE DES FRÈRES-PRÊCHEURS

PAR

Le R. P. Fr. CESLAS-MARIE RUBY

DU MÊME ORDRE

> Consummatus in brevi explevit tempora multa ;
> placita enim erat Deo anima illius.
> Sap. IV, 13, 14.

———— ◦ ————

POITIERS

TYPOGRAPHIE DE H. OUDIN FRÈRES,

RUE DE L'ÉPERON, 4.

1877

NOTICE

SUR

LE R. FR. HIPPOLYTE

ARTHUR-JEAN-MARIE GROLEAU.

NOTICE

SUR

LE R. FR. HIPPOLYTE

ARTHUR-JEAN-MARIE GROLEAU

DE L'ORDRE DES FRÈRES-PRÊCHEURS

PAR

Le R. P. Fr. CESLAS-MARIE RUBY

DU MÊME ORDRE

Consummatus in brevi explevit tempora multa;
placita enim erat Deo anima illius.
Sap. IV, 13, 14.

POITIERS

TYPOGRAPHIE DE H. OUDIN FRÈRES,

RUE DE L'ÉPERON, 4.

1877

PRÉFACE

Notre couvent de Poitiers a offert ses prémices à la Patrie céleste. Le 30 juillet dernier, le R. Frère Hippolyte (Arthur-Jean-Marie GROLEAU), dans la vingtième année de son âge et le huitième mois de son noviciat, rendait paisiblement et pieusement son âme à Dieu, après six jours seulement de maladie.

Parmi les témoins de cette douce mort se trouvait Monsieur J.-B. Groleau, père de notre Novice. Arrivé à Poitiers depuis vingt-quatre heures, ce digne et généreux chrétien avait veillé avec nous près de son fils mourant; il avait mêlé ses exhortations à nos exhortations, ses prières à nos prières; il s'était préparé au sacrifice et il l'avait accepté avec une résignation sereine que la douleur, quelque vive qu'elle fût, n'avait pas troublé un seul instant. Quand tout fut consommé, et qu'il eut lui-même fermé les yeux de son fils, il nous pria de réunir, pour l'édification de ses autres enfants, quelques traits de cette courte vie religieuse et de cette précieuse mort. Comment résister à de telles instan-

ces ? D'anciens professeurs, d'anciens condisciples
d'Arthur au Petit-Séminaire Mongazon nous ont, à
leur tour, pressé d'écrire, pensant que les quelques
pages tombées de notre plume seraient utiles, et que,
par elles, le Frère Hippolyte exercerait, du fond de son
tombeau, un apostolat qui ne serait pas sans fruits.

Pour accomplir la tâche que ces désirs nous imposent, nous puiserons d'abord dans nos souvenirs.
Ayant été le confident des premiers attraits d'Arthur
pour l'état religieux et l'Ordre de Saint-Dominique,
ayant été pendant sept mois le témoin assidu de sa vie
au Noviciat, ayant eu à diriger son âme dans les voies
de la piété, nous dirons ce que nous-même avons vu
des opérations de la grâce dans le cœur de ce fils
spirituel, qui sut si bien se faire connaître et se montra
toujours si digne d'être aimé.

Nous compléterons et préciserons nos souvenirs au
moyen de quelques lettres, que les parents et les amis
d'Arthur ont bien voulu mettre à notre disposition.
Avare de son temps, parce qu'il aimait à le consacrer à
la prière et à l'étude des choses saintes, le Frère
Hippolyte fut, durant son noviciat, très-sobre de
correspondances. Cependant, quand la piété filiale ou
l'amitié semblait lui en faire un devoir, volontiers il
tirait de son cœur et confiait au papier des pensées
toujours pieuses, exprimées avec une simplicité et une
délicatesse charmantes. Nous ne craindrons point de
citer ces lettres, et de laisser ainsi souvent la parole à
notre cher défunt.

Enfin quelques notes prises par le Frère Hippolyte à l'occasion de ses lectures, et que nous avons pu recueillir, quelques résolutions écrites de sa main, dans les circonstances les plus mémorables de sa vie, nous aideront à suivre ses progrès dans la vertu, en même temps qu'elles nous initieront aux occupations habituelles de son esprit.

Daigne la très-sainte Vierge Marie bénir cette modeste notice, que nous aimons à placer sous sa maternelle protection.

Poitiers, Couvent des Dominicains, en la fête de l'Immaculée-Conception de la très-sainte Vierge, 8 décembre 1876.

NOTICE

SUR

LE R. FR. HIPPOLYTE

ARTHUR-JEAN-MARIE GROLEAU.

CHAPITRE PREMIER.

LE PETIT SÉMINAIRE MONGAZON. — ORIGINE DE LA VOCATION A L'ORDRE DE SAINT-DOMINIQUE.

Arthur naquit le 2 octobre 1856, de parents très-chrétiens, dont les vertus et les exemples étaient, dès cette époque, l'édification de la ville d'Angers.

De bonne heure, il fut placé au petit séminaire Mongazon, pour y faire ses études littéraires. Pendant les premières années qu'il passa dans cette maison, notre jeune élève, sans se laisser entraîner jamais à des écarts graves, réprouvés par sa foi et indignes de l'éducation reçue dans sa famille, ne contenta pas pleinement ses maîtres. La régularité de la conduite, l'application au travail, la piété même étaient en souffrance, jusqu'à alarmer parfois la vigilante sollicitude de son père et de sa mère.

Revenu plus tard à des pensées plus sérieuses et à une pratique plus fidèle de ses devoirs, Arthur ne pouvait, sans un profond sentiment de repentir, rap-

1

peler à sa mémoire cette première période de sa vie de collége. Maintes fois, dans ses lettres, il se reproche en termes sévères les dispositions de nonchalance dans l'étude et de tiédeur dans la prière auxquelles il avait insensiblement livré son âme, au détriment de son avenir et au péril de sa vertu. Voici, par exemple, ce qu'il écrivait à son père, à la date du 22 juin 1876 :

« Arrivé à un âge où l'on commence à comprendre de quel prix est l'affection d'un père tel que vous, je voudrais, très-cher papa, réparer toutes mes fautes, vous prouver que mon affection n'est pas un vain mot, et que, si, bien souvent, elle a semblé faire place à la paresse, à l'indifférence ou à la dissipation, elle n'en restait pas moins, au fond de mon cœur, toujours sincère et vive. Je vous demande donc pardon de toutes les fautes qui ont marqué ces années de collége ; oubliez ce temps, qui aurait dû être le plus affectueux, le meilleur pour vous et pour moi, et qui n'a peut-être été pour vous qu'une source de peines, pour moi qu'un sujet de repentir..... »

Ce fut durant l'année scolaire 1873-1874, consacrée par Arthur à la rhétorique, que s'opéra en lui un changement qu'il ne craignait pas d'appeler *sa conversion.*

A quelles causes ce changement doit-il être attribué?

Avant tout, sans doute, à l'Esprit-Saint, dont il est écrit qu'*il souffle où il veut,* que *sa voix se fait entendre sans que nous sachions ni d'où il vient ni où il va* [1]. Mais,

---

1. Spiritus ubi vult spirat, et vocem ejus audis; sed nescis unde veniat et quo vadat (Joann. III, 8).

tout en gardant pour lui le privilége incommunicable de *tenir nos cœurs dans ses mains et de les incliner comme il lui plaît* [1], Dieu, selon les voies ordinaires de sa Providence, aime à se choisir parmi les hommes des *aides* et des *coopérateurs* [2]. Combien de fois sa grâce, pour arriver jusqu'à nos âmes, n'a-t-elle pas emprunté les avertissements d'un père, les prières d'une mère, les conseils d'un ami!

Les avertissements du père, les prières de la mère ne firent pas défaut à Arthur ; et nul doute que le triomphe de la grâce dans le cœur tendre et aimant du fils ne doive leur être attribué pour une large part. Toutefois il semble que la parole douce et persuasive d'un maître vénéré ait servi d'instrument au dernier effort de la miséricorde divine et décidé de la victoire.

En entrant en rhétorique, Arthur devenait le disciple de M. l'abbé L... Les enseignements du professeur ouvrirent les voies à l'influence du prêtre et de l'ami. Ecoutons ici le témoignage autorisé de l'élève lui-même.

Le 8 janvier 1876, le Frère Hippolyte, Novice depuis un mois, reportait ses pensées sur les années passées à Mongazon, et il exprimait sa reconnaissance à M. l'abbé L... dans les termes qu'on va lire :

« J'ai pensé à Mongazon plus qu'à l'ordinaire, aujourd'hui : souvenir agréable et doux, qui ne laisse pas d'avoir ses charmes. Mais..... quel changement ! Per-

1. Prov. xxi, 1.
2. I Cor. iii, 9.

mettez-moi de vous le dire : je ne puis guère y penser sans que votre souvenir vienne s'y mêler ; car certainement personne, après Dieu, n'a fait plus que vous pour me tirer de l'état où j'étais. Qui s'occupait de moi au collége autrement que pour me punir et me blâmer (et je le méritais)? Cependant vous êtes venu, et vous avez parlé de ce que j'avais encore de bon. Vous m'avez témoigné de l'affection ; peut-être y ai-je un peu répondu. Toujours est-il que cette amitié m'a rendu meilleur, et que c'est de ce moment que date ce que j'oserais appeler *ma conversion*, s'il me restait moins à faire. Enfin, vous ne m'oublierez pas dans vos prières, et, avec la grâce du bon Dieu, j'espère devenir un Religieux véritablement humble et pieux. »

La *conversion* fut sincère et durable : aussi, lorsqu'au terme de l'année scolaire, les vacances ramenèrent Arthur à la maison paternelle, l'heureuse transformation n'échappa point aux regards attentifs de M. et de Mme Groleau. Ce n'était plus, dans leur fils, la même légèreté, le même amour des divertissements et des plaisirs, la même insouciance pour toute occupation sérieuse. Arthur se plaisait aux lectures utiles et aux entretiens avec sa bonne mère ; il goûtait la paix du foyer de la famille, tandis que les délassements mondains n'engendraient plus en lui que l'ennui et le dégoût. Dieu, dans sa bonté, avait visité l'âme de son serviteur ; il l'attirait à lui, il l'initiait aux douceurs du recueillement et de la vie intérieure [1]. Et ce n'é-

---

1. Vitam et misericordiam tribuisti mihi, et visitatio tua custodivit spiritum meum (Job. x, 12).

taient là que les prémices des dons dont il avait résolu de le combler !

Suivant un louable usage observé depuis longtemps à Mongazon, l'inappréciable bienfait d'une retraite spirituelle est ménagé aux élèves chaque année, au retour des vacances. Avant de commencer son cours de philosophie, Arthur dut donc consacrer quelques jours à la méditation, à la prière et aux pieuses lectures. La grâce l'attendait là, pour gagner définitivement son âme et affermir en elle le règne de Dieu.

Parmi quelques notes laissées par le Frère Hippolyte, et qu'il avait réunies sous le titre significatif de *memoranda*, nous trouvons les résolutions suivantes :

« *In te, Domine, speravi ; non confundar in æternum.*

« Aujourd'hui, 20 novembre, en présence de la très-sainte Vierge Marie, de mes saints Patrons et de mon Ange Gardien, fermement convaincu que la seule chose vraiment nécessaire est le salut, je promets d'être toujours fidèle à mes devoirs de chrétien, afin qu'arrivé au terme d'une existence employée à bien faire, Dieu me pardonne mes fautes et me reçoive dans son sein.

« Je sais combien j'ai à faire pour arriver à détruire complétement en moi les vices qu'une trop longue indifférence y a fait naître ; mais, avec l'aide de Dieu, la protection de Marie et les prières de ceux qui voudront bien penser à moi, j'espère avoir la force de mettre en pratique les résolutions que je prends aujourd'hui, sous l'œil de ma Mère qui est dans les cieux, savoir :

« 1° De ne jamais offenser Dieu mortellement, en péchant contre la sainte vertu de pureté ;

« 2° De ne jamais m'endormir en état de péché mortel ;

« 3° Enfin, de faire toujours mes prières du matin et du soir.

« Puisse le Seigneur, qui voit la sincérité de mon cœur, ne pas rejeter mes très-humbles prières, mais aider ma faiblesse, afin que je devienne enfin moins indigne des grâces dont il n'a cessé de m'entourer depuis mon berceau, et mieux en état de le servir.

« Mongazon, retraite de philosophie, 20 novembre 1874.

« Arthur GROLEAU. »

Ces résolutions tendaient à faire du jeune étudiant de philosophie un chrétien fervent, jaloux d'assurer le salut de son âme, en la préservant de toute faute grave. C'était le premier appel du divin Maître : *Si vous voulez entrer dans la vie éternelle, gardez les commandements* [1]. Rien ne nous autorise à croire qu'Arthur ait eu dès lors la pensée et conçu le projet d'une vie plus parfaite.

Pour marcher utilement même dans la voie commune et accessible à tous des préceptes de l'Évangile, le chrétien a besoin du secours surnaturel de Dieu. Arthur n'eut garde d'oublier ces enseignements de sa foi. Sachant que, par nous seuls, nous ne pouvons rien dans l'ordre du salut, ne comptant pas sur ses propres forces pour atteindre le but qu'il venait de

1. Si vis ad vitam ingredi, serva mandata (Matth. XXIX, 17).

se proposer, il commença à puiser largement et assidûment aux sources de la grâce. Il prit dès lors l'habitude de se confesser au moins tous les quinze jours, et à peu près chaque dimanche il allait à la Table sainte recevoir le Pain des forts.

La piété, nous dit l'apôtre saint Paul, *est utile à tout* [1] ; en se développant dans l'âme d'Arthur, elle y fit germer et grandir d'autres vertus. C'est le témoignage unanime de ses condisciples de Mongazon, qu'à dater de cette époque, notre étudiant de philosophie se fit remarquer, entre tous, par la régularité de sa conduite et son application au travail. Grâce à l'amabilité de son caractère, il commença même à exercer autour de lui une influence douce et forte, dont les fruits se manifestèrent bientôt. Plusieurs élèves, nous le savons, ont attribué aux exemples d'Arthur, à ses paroles ardentes et persuasives, d'avoir conservé ou recouvré la pureté de leur cœur, et de compter aujourd'hui parmi les clercs et les aspirants au Sacerdoce.

Au-dessus de la voie commune des préceptes de l'Evangile, il y a la voie privilégiée et plus excellente des conseils. Tous, assurément, ne sont pas appelés à marcher dans cette seconde voie, et à embrasser *l'état de perfection à acquérir*, ou l'état religieux. Cependant, qu'il nous soit permis de le dire, à la suite des saints Docteurs : la vocation religieuse est, de la part de Dieu, plus fréquente que les faits ne sembleraient l'indiquer. Beaucoup ont, à certains

---

1. Pietas ad omnia utilis est (I Tim. iv, 8).

moments de leur vie, entendu distinctement la voix
du Maître, les invitant à le suivre par la pratique de la
pauvreté, de la chasteté et de l'obéissance ; et s'ils ne
se sont point engagés dans l'état de perfection , c'est
qu'à l'heure de la grâce, ils se sont montrés infidèles
et ont fermé l'oreille de leur cœur. « Dès que le
Seigneur, dit saint Alphonse de Liguori[1], appelle
quelqu'un à un état plus parfait, s'il ne veut pas
mettre en péril son salut éternel, il doit obéir, et
obéir aussitôt : autrement il entendra Jésus-Christ lui
adresser le même reproche qu'à ce jeune homme, qui,
invité par le Seigneur à le suivre, lui demanda la
permission d'aller auparavant mettre ordre à ses
affaires et disposer de ses biens : *Sequar te, Domine ;
sed permitte mihi primum renuntiare his quæ domi
sunt.* Jésus lui répondit que quiconque, ayant mis la
main à la charrue, regarde en arrière, n'est point
propre au royaume de Dieu : *Nemo, mittens manum
suam ad aratrum, et respiciens retro, aptus est regno Dei.*
Les lumières que le Seigneur nous envoie sont passagères, et non permanentes : c'est ce qui fait dire à
saint Thomas [2] que les divines invitations à une vie
plus parfaite doivent être suivies sans retard : *Quanto
citius* ».

Arthur comptait parmi les appelés à la vie religieuse ; il devait entendre intérieurement le divin
Maître lui dire, comme au jeune homme de l'Evangile :

---

1. Du choix d'un état et de la vocation, § II, 2º. — Œuvres ascétiques traduites par le R. P. Dujardin, t. III.
2. *V.* l'opuscule de S. Thomas : *Contra retrahentes a Rel.*, cap. X.

« *Si vis perfectus esse, vade, vende quæ habes et da paupe-ribus... et veni, sequere me* [1] *:* Si vous voulez être parfait, allez, vendez tout ce que vous avez, donnez-le aux pauvres... puis venez, et suivez-moi. » Plus généreux que bien d'autres, il devait répondre sans retard : « Me voici, Seigneur, tout prêt à accomplir votre volonté sainte » : *Ecce venio, ut faciam, Deus, voluntatem tuam* [2]. Et la promesse une fois faite, il devait *s'efforcer de rendre, par ses œuvres, sa vocation et son élection certaines* [3].

Ce fut sous les auspices de la très-sainte Vierge Marie que parvinrent à l'âme d'Arthur les premières sollicitations de la grâce, l'invitant à quitter le monde et à se consacrer au service de Dieu. Parmi les *memoranda* dont nous avons signalé précédemment l'existence, nous trouvons une note ainsi conçue :

« Aujourd'hui, veille, de la Présentation de Notre-Seigneur au Temple et de la Purification de la très-sainte Vierge, je prends la résolution d'être à Dieu pour toujours et de me consacrer exclusivement à son service.

« 1er février 1875. »

« Arthur GROLEAU. »

On peut être à Dieu et se consacrer à son service d'une double manière : par les engagements de la cléricature, et par ceux de l'état religieux.

---

1. Matth. xix, 21.
2. Hebr. x, 9.
3. Magis satagite, ut per bona opera certam vestram vocationem et electionem faciatis (II Pet. i, 10).

Le clerc, en effet, dès sa première initiation, dès le
premier pas qu'il fait dans la voie qui conduit au
Sacerdoce, *prend le Seigneur pour héritage*[1], et se consa-
cre à son service. Chaque degré qu'il gravit ensuite
dans la hiérarchie sainte, c'est un nouvel engagement
qu'il contracte, un nouveau ministère qu'il accepte,
jasqu'à ce que le Sacerdoce, resserrant tous ces liens
et consommant sa consécration, fasse de lui *l'homme
de Dieu*, étranger désormais aux préoccupations du
siècle, chargé uniquement de traiter près du souverain Maître les intérêts des âmes rachetées par le Sang
de Jésus-Christ, de présenter leurs offrandes, et de
leur départir en échange les dons de la grâce, fruits de
la Rédemption [2]. *Comme vous m'avez envoyé dans le monde*,
disait Notre-Seigneur à son Père, *ainsi j'ai envoyé dans
le monde les Apôtres*[3], mes premiers prêtres. *Vous êtes en
moi et je suis en vous*[4]*; tout ce qui m'appartient est à vous,
et tout ce qui est à vous m'appartient*[5]. *De même, les paroles
que j'ai reçues de vous, la puissance dont vous m'avez revêtu,
je les leur ai communiquées*[6]. *Je suis en eux et ils m'appar-*

1. Dominus pars hæreditatis meæ et calicis mei : tu es qui resti-
tues hæreditatem meam mihi (Pontif. Rom. *de Clerico faciendo*).
2. Nemo militans Deo implicat se negotiis sæcularibus, ut ei pla-
ceat cui se probavit (II Tim. ii, 4). — Omnis namque Pontifex ex
hominibus assumptus, pro hominibus constituitur in iis quæ sunt ad
Deum, ut offerat dona et sacrificia pro peccatis (Hebr. v, 1).
3. Sicut tu me misisti in mundum, et ego misi eos in mundum
(Joan. xvii, 18).
4. Tu, Pater, in me, et ego in te (Ibid. 21).
5. Et mea omnia tua sunt, et tua mea sunt (Ibid. 40).
6. Verba quæ dedisti mihi dedi eis, et ipsi acceperunt..... et ego
claritatem quam dedisti mihi, dedi eis (Joan. xvii, 8, 22).

tiennent ; car ils sont à vous, et vous me les avez donnés [1].

Mais l'état religieux, lui aussi, est une consécration au culte et au service divin ; c'est le don, perpétuel et universel, que l'homme fait à Dieu de tout lui-même et de tout ce qu'il possède, pour ne plus agir et vivre que pour son Créateur, son Rédempteur et son Maître. Les richesses qu'il s'est acquises ou qu'il pouvait acquérir, les joies de la famille, sa volonté elle-même ; en un mot, tout ce qu'il est et tout ce qu'il a, il l'offre avec bonheur, dans la simplicité de son cœur [2], ne réservant pour lui que la triple nécessité d'être pauvre, d'être chaste et d'être obéissant, jusqu'à la mort.

Ces deux consécrations, du Sacerdoce et de l'état religieux, différentes par leur nature et par leur but, bien loin de s'exclure mutuellement, se complètent et se perfectionnent l'une l'autre ; lorsqu'elles s'unissent dans un même sujet, c'est pour la plus grande utilité de l'Église militante [3], comme pour le plus grand bien de celui qui se donne et se dévoue ainsi doublement au service de Dieu. L'holocauste de la vie religieuse est, pour le Sacerdoce, une préparation et une protection. C'est une préparation ; car en dépouillant l'âme des affections terrestres, il allume en elle le feu de l'amour

---

1. Ego in eis et tu in me..., quos dedisti mihi, quia tui sunt (Ibid. 23, 9).

2. Scio, Deus meus, quod probas corda et simplicitatem diligis. Unde et ego in simplicitate cordis mei lætus obtuli universa..... custodi in æternum hanc voluntatem (Paral. XXIX, 17, 18).

3. Pius VI, Constit. *Auctorem fidei*, 28 aug. 1794 ; Prop. LXXX inter damnatas.

divin ; en la purifiant, il l'agrandit, et en fait un *vase d'élection*[1] d'où s'échappera, avec plus d'abondance, la grâce, source de toute vie surnaturelle et de toute sanctification. C'est une protection : le prêtre porte dans une chair fragile l'inestimable trésor que Dieu lui a confié pour le salut du monde[2] ; mille occasions de chute se présentent sous ses pas et menacent sa vertu ; comment, à travers tant de périls, conservera-t-il intacte *l'odeur de vie*[3] qu'il est chargé de répandre ? L'Apôtre saint Paul répond : *Semper mortificationem in corpore nostro circumferentes, ut et vita Jesu manifestetur in corporibus nostris*[4] ; qu'il fasse de la mortification la compagne de son pèlerinage terrestre, qu'il s'en enveloppe comme d'un manteau ; et la vie de Jésus ne cessera de se manifester en lui. Or, où la mortification s'épanouit-elle plus large et plus persévérante, que dans le cloître et sous la discipline régulière ?

Bienheureux donc ceux que la miséricorde divine appelle à unir en eux la consécration du Sacerdoce et celle de l'état religieux !

Être prêtre et religieux, telle était la pensée d'Arthur, tel était son désir, quand, sous les auspices de la très-sainte Vierge Marie, à la suite de Notre-Seigneur présenté au Temple, il prenait la résolution « d'être à Dieu pour toujours et de se consacrer à son ser-

---

1. Act. IX, 15.

2. Habemus.autem thesaurum istum in vasis fictilibus (II Cor., IV 7).

3. Christi bonus odor sumus Deo....., odor vitæ in vitam (II Cor. II, 15, 16).

4. II Cor. IV, 10.

vice. » Quelques semaines plus tard, le 14 mars 1875, jour où s'était clos, au séminaire Mongazon, les exercices publics du jubilé de l'année sainte, nous le voyons indiquer plus explicitement ses intentions, dans les lignes suivantes :

« Dimanche, 14 mars 1875, clôture du jubilé.

« Mon Dieu, vous connaissez mes intentions ; vous voyez ma bonne volonté. Oh ! faites que je n'oublie jamais les grâces dont vous m'avez comblé ! Faites aussi que je persévère jusqu'au bout, et malgré tous les obstacles, dans la résolution que vous m'inspirez, et que je crois pouvoir prendre à vos pieds, me souvenant de ces mots : *Si vis perfectus esse*, etc...

« Marie, bénissez ma résolution, et faites que mon espoir ne soit point trompé.

« Arthur GROLEAU [1]. »

Au-dessous de son nom se trouvent, dans le manuscrit, les initiales significatives : « Fr.-Pr. », c'est-à-dire « Frère-Prêcheur ». Entre tous les instituts religieux qui, par la nature même de leur vocation, unissent le caractère sacerdotal aux pratiques de la vie régulière, Arthur avait déjà fait son choix : l'Ordre de Saint-Dominique l'attirait de préférence, ou plutôt captivait exclusivement son cœur.

Par quelles circonstances extérieures ce choix fut-il

---

1. *Memoranda.*

préparé ? Il serait difficile de le dire. Jusque-là, en
effet, notre jeune étudiant de philosophie n'avait
entretenu de relations suivies avec aucun membre de
la Famille de saint Dominique ; à peine quelques lectures passagères l'avaient-elles initié un peu à la vie
de notre patriarche, aux travaux apostoliques de ses
fils dans les siècles passés, et à la restauration de
l'Ordre en France. Mais les saintes Lettres nous ap-
prennent que Dieu ne dédaigne pas de se faire lui-
même *le guide de ses enfants* [1], et que *sa miséricorde les
conduit jusqu'aux sources où ils apaiseront la soif de leurs
saints désirs* [2]. *Savez-vous*, demandait le Seigneur à son
serviteur Job, *par quelle voie la lumière se répand, et la
chaleur se distribue sur la terre* [3] ? Combien plus mystérieuses sont les voies de la grâce ! L'Esprit de Dieu se
reposant sur les âmes y apporte parfois des conseils
décisifs et des énergies victorieuses, dont la trace
échappe aux investigations de notre timide raison [4].
Arthur s'expliqua lui-même un peu plus tard à ce
sujet, dans une lettre à un ami. Selon les vues et les
conjectures d'une prudence humaine, c'était l'abbaye
de Solesmes qui devait l'attirer ; plusieurs élèves de
Mongazon, ses anciens condisciples, y vivaient heureux
sous la règle et l'habit de saint Benoît ; et ils avaient

1. Quicumque enim spiritu Dei aguntur, ii sunt filii Dei (Rom. VIII,
14).

2. Miserator eorum reget eos, et ad fontes aquarum potabit eos
(Is. XLIX, 10).

3. Job. XXXVIII, 24.

4. Requiescet super eum spiritus Domini..... Spiritus consilii et
fortitudinis (Is. XI, 2).

saintement insisté près de lui, pour qu'il vînt partager leurs prières et leurs travaux ; à diverses reprises, il avait visité le monastère, et avait été profondément édifié de ce qu'il y avait vu et entendu ; mais l'attrait de la grâce l'appelait ailleurs, et dès lors son âme droite et généreuse n'admettait ni hésitation, ni résistance.

« La vie du monastère, écrivait-il au R. Frère Albert L., est douce pour toi : j'en suis heureux. Au point de vue purement humain, c'était Solesmes qu'il me fallait ; des cœurs amis, des Offices magnifiques, à peu de distance de ma famille dont je serai séparé, dans un an, par plus de cent cinquante lieues [1] : voilà ce que j'aurais pu me souhaiter ; mais le bon Dieu m'appelle, et je ne pourrais, sans crime, résister à sa voix. D'ailleurs, la vie dominicaine, jusque dans ses plus sévères règlements, a des attraits indicibles pour moi [2]. »

Et la veille du jour où il partit pour Poitiers, avec l'intention de commencer son noviciat, Arthur s'entretenant avec un autre de ses amis lui disait : « Pourquoi n'ai-je pas préféré la Compagnie de Jésus ou l'Ordre des Bénédictins ? Je n'en sais rien ; mais il est certain que la règle dominicaine seule m'attire [3]. »

Ajoutons que, dans une affaire aussi grave que celle de sa vocation, Arthur ne s'appuyait pas sur ses

---

1. Le couvent d'études, pour la province dominicaine dite de Lyon, est situé à Carpentras (Vaucluse) ; les Novices y sont envoyés après leur profession.

2. Lettre du 15 septembre 1875.

3. Lettre de M. Aug. R., (7 août 1876).

seules lumières. Dès qu'il avait ressenti les sollicitations de la grâce, il s'était fait un devoir d'ouvrir son
âme à l'aumônier du collége, directeur de sa conscience, et de lui soumettre les résolutious auxquelles
il lui semblait bon de s'arrêter. Fort des encourage-
ments reçus, il ne songea plus qu'à réaliser prudem-
ment des desseins qu'il était autorisé à considérer
comme inspirés par Dieu.

Son premier soin, en entrant dans cette voie d'exécution, fut de faire part de son projet à ses parents.
Connaissant leur foi et leur piété, Arthur était convaincu qu'il ne trouverait pas en eux, comme il arrive
malheureusement trop souvent, des adversaires aveu-
gles et obstinés de la volonté divine légitimement
constatée. Dès lors, la piété filiale, qui fut toujours
l'un des traits saillants de son âme tendre et aimante,
lui parut réclamer qu'il annonçât lui-même à son père
et à sa mère la détermination qu'il comptait réaliser
à la fin de l'année scolaire. Les vacances de Pâques
approchaient : l'occasion était favorable ; Arthur en
profita. Au jour choisi, il se rendit dès le matin au
sanctuaire vénéré de Notre-Dame de Sous-Terre ; il
y entendit la sainte Messe, fit la sainte Communion,
mit sous la protection de la très-sainte Vierge la dé-
marche qu'il allait accomplir, demanda pour tous force
et courage ; puis, rentré à la maison paternelle, il fit
part à ses parents de son pieux dessein.

Notre-Seigneur a dit : *Gardez-vous de croire que je
sois venu apporter la paix sur la terre ; je ne suis pas venu
apporter la paix, mais le glaive. En effet, je suis venu
séparer le fils contre son père, la fille contre sa mère.*

.....Celui qui aime son père ou sa mère plus que moi, n'est pas digne de moi ; et celui qui aime son fils ou sa fille plus que moi, n'est pas digne de moi [1]. Pour être tenu par une main divine, le glaive qui atteint les affections les plus vives et les plus légitimes ne fait pas aux cœurs des blessures moins douloureuses. Entre les parents et le fils, il y eut des larmes échangées ; mais, chez ces chrétiens habitués à *vivre de foi* [2], la grâce triompha. La séparation devenait un devoir ; elle fut acceptée par tous, et généreusement. Il fut donc convenu, qu'après les études terminées au Petit-Séminaire Mongazon, après les épreuves du baccalauréat, Arthur aurait pleine liberté de suivre son attrait et de réaliser des désirs approuvés par son directeur.

Le résultat immédiat de cette ouverture fut un redoublement de tendresse dans les rapports mutuels. La séparation était prochaine : on le savait ; de part et d'autre, on semblait s'ingénier à multiplier les témoignages d'une plus délicate et plus prévenante affection ; on parlait de l'avenir, sans que l'ombre d'un nuage altérât jamais la sérénité d'un sacrifice non-seulement subi mais aimé. A quelque temps de là, Arthur écrivait à ses parents :

« Ce matin, j'ai eu le bonheur de faire la sainte Communion : je puis vous assurer, chers parents, que

1. Nolite arbitrari quia pacem venerim mittere in terram : non veni pacem mittere, sed gladium. Veni enim separare hominem adversus patrem suum, et filiam adversus matrem suam..... Qui amat patrem aut matrem plus quam me, non est me dignus ; et qui amat filium aut filiam super me, non est me dignus (Matth. x, 34-37).
2. Justus autem ex fide vivit (Rom. i, 17).

2

je ne vous ai point oubliés. Et d'abord, j'ai remercié
le bon Dieu de la grâce qu'il m'a faite en me donnant
des parents tels que vous ; car, je puis m'en convaincre
dans les lectures que je fais, les plus dangereux ennemis que l'enfant ait à redouter, lorsqu'il se destine à
entrer en Religion, ce sont ordinairement ses parents.
Pour moi, il n'en est rien ; et bien loin de vous oppo-
ser à l'accomplissement de mes desseins, je sais, très-
chers parents, que vous m'aidez tous les jours de vos
prières [1]. »

Les vacances de Pâques terminées, Arthur revint à
Mongazon le cœur plus à l'aise, et plein de reconnaissance envers la divine Providence, qui favorisait visi-
blement ses projets et en facilitait l'exécution. Il reprit
ses études et prépara son baccalauréat, tout en réservant la meilleure partie de son âme à Notre-Seigneur
et aux exercices de piété. « Combien de fois, depuis
cette époque, nous écrit un condisciple d'Arthur, ne
l'ai-je pas vu oubliant un instant les jeux, entrer à la
chapelle du Petit-Séminaire, s'agenouiller humblement
devant l'autel de la sainte Vierge ; et là, pendant un
quart d'heure, une demi-heure, méditer, prier, mais
d'une prière ardente et assurément fort agréable à
Dieu [2] ! » En même temps il s'appliquait à réprimer
les saillies de sa nature vive et prompte, à être doux
et condescendant envers ses condisciples, docile et
affectueux vis-à-vis de ses maitres, attentif à observer

1. Lettre du 25 aoùt 1875.
2. Lettre de M. Aug. R..., 7 aoùt 1876.

le règlement du Séminaire. Aucun de ceux qui l'entouraient ne doutait plus qu'il ne quittât bientôt le
monde, pour se consacrer au service de Dieu. Dans ses
heures de loisir, il faisait des lectures qui l'entrete-
naient de sa chère vocation, de l'Ordre de Saint-Dominique, de son esprit, de son histoire ; et, afin d'achever
de s'éclairer et de s'instruire, il entrait en relations
suivies avec les Religieux de notre couvent de Poitiers.

Depuis un an surtout, Arthur s'était acquis un rang
distingué parmi les élèves du Séminaire ; son succès
aux examens du baccalauréat semblait assuré. La divine Providence en disposa autrement. La dissertation
française, nous assure-t-on, fut jugée insuffisante par
les examinateurs. Disons-le, à la décharge d'Arthur et
des nombreux compagnons de son échec, le sujet proposé était de nature à déconcerter une science plus
sérieuse, plus mûre, de moins fraîche date, que ne
peut l'être celle de philosophes d'un an [1].

Pour un jeune homme décidé à embrasser la vie
religieuse, ce rejet était, en lui-même, peu de
chose, et Arthur s'en serait bien vite consolé, si son
entrée au Noviciat n'avait pas dû en être retardée.
Parents et Maîtres le pressaient vivement de tenter
une seconde fois l'épreuve. Pour lui, soucieux avant
tout de sa vocation dominicaine, craignant de la com-
promettre par des délais qui ne seraient pas justifiés,
il voulut prendre conseil d'un de nos Religieux. Ras-

---

1. Le sujet de la dissertation était ainsi formulé : « Discuter ces
deux assertions de Condillac : Toute langue est une méthode, et toute
méthode est une langue... »

suré par la réponse qui lui fut faite, il consentit à se
présenter de nouveau pour la session de novembre ;
mais en même temps, il demanda à ses parents l'autorisation de venir à Poitiers, faire au couvent une retraite de quelques jours, « afin de se retremper, disait-
il , auprès de ceux qu'il aurait voulu pouvoir déjà appeler ses frères [1] ». C'était le seul repos qu'il ambi-
tionnât, après une année de laborieuses études, et
avant de reprendre la tâche ingrate à laquelle il se
voyait condamné. L'autorisation fut accordée sans
peine ; et, le 24 août, Arthur se présentait au couvent
de Poitiers.

1. Lettre au R. Fr. Albert L., 19 août 1875.

CHAPITRE II.

Il est écrit au Livre de la Sagesse : « Ayez du Seigneur
« des sentiments dignes de sa bonté, et cherchez-le
« avec un cœur simple ; car ceux qui ne le tentent
« point le trouvent, et il se fait connaître à ceux qui
« se confient en lui [1]. » Ces dispositions indiquées par
l'Esprit-Saint, Arthur les apportait dans l'importante
recherche de sa vocation. Aux sentiments très-bas
qu'il avait de lui-même, il joignait une confiance sans
bornes dans la toute-puissante miséricorde de celui
qui *appelle ce qui n'est pas comme ce qui est* [2] ; et la simplicité de son cœur n'excluait pas l'intelligent examen
des desseins de Dieu. Son entrée en Religion devait
être un acte de réflexion prudente, comme un acte de
foi.

En même temps qu'il se proposait de retremper son
âme dans le recueillement et la prière, notre Retraitant
assignait à son séjour dans notre monastère, un double

---

1. Sentite de Domino in bonitate, et in simplicitate cordis quærite
illum, quoniam invenitur ab his qui non tentant illum ; apparet autem
iis qui fidem habent in illum (Sap. I, 1, 2).
2. Vocat ea quæ non sunt, tanquam ea quæ sunt (Rom. IV, 17).

but intéressant directement son avenir. D'abord il voulait voir de près et dans sa réalité pratique, cette vie dominicaine, objet, depuis six mois, de ses constants désirs, la comparer avec l'idée qu'il en avait conçue à distance, et se former ainsi la conviction raisonnée que la vocation à l'Ordre des Frères-Prêcheurs était bien pour lui le don propre de Dieu [1], la voie providentielle et privilégiée des mérites et de la récompense [2]. En second lieu, il avait hâte de s'entretenir de vive voix avec son futur Père-Maître, de lui, manifester ses dispositions intérieures et de recevoir de lui en échange, une réponse décisive, à l'abri de laquelle il pût, sans inquiétude, placer sa détermination définitive.

Arthur vit donc la vie dominicaine, et il la goûta : *Gustavit et vidit quia bona est negotiatio ejus* [3]. Au contact de nos observances régulières, à mesure qu'il s'instruisait de nos traditions, de nos exercices conventuels et de notre esprit. il sentait croître et se fortifier l'attrait qui l'inclinait vers la Famille dominicaine, et il découvrait en elle ce qu'il avait cherché [4] : une gardienne fidèle à qui remettre sûrement le dépôt de son âme ; une école de sainteté appropriée à ses aptitudes, et dont la discipline vigoureuse ferait fructifier en lui, pour le ciel, les talents qu'il avait reçus

1. Unusquisque proprium donum habet ex Deo ; alius quidem sic, alius vero sic (I Cor. vii, 7).
2. Quos autem prædestinavit, hos et vocavit ; et quos vocavit, hos et justificavit ; quos autem justificavit illos et glorificavit (Rom. viii, 30).
3. Prov. xxxi, 18.
4. Inveni quem diligit anima mea (Cant. iii, 4).

et dont Dieu lui demanderait compte un jour [1]. Il nous ouvrit son âme avec cette pleine candeur qui n'appartient qu'aux *fils du jour et de la lumière* [2]. En quelques paroles simples autant que précises, qui révélaient, sans qu'il semblât s'en apercevoir, et la pureté de ses intentions, et l'ardeur contenue de ses désirs, il nous dit son passé avec ses vicissitudes de défaillance et de redressement, son présent avec ses aspirations et ses espérances.

L'empreinte du doigt de Dieu nous parut manifeste. Nous crûmes seconder les vues de la Providence et nous faire l'écho des volontés de Notre-Seigneur, en empruntant, pour répondre à Arthur, ces paroles que nos saintes Lettres mettent sur les lèvres de Salomon : « Écoutez, mon fils, et recevez le conseil que vous « avez sollicité...... La voie vers laquelle vous portent « vos désirs sera pour vous, en effet, le sentier d'équité « préparé par la Sagesse éternelle ; quand vous vous y « serez engagé, vos pas n'y seront pas resserrés ; vous « courrez sans rencontrer d'obstacle. Embrassez cette « discipline, attachez-vous à elle et ne la quittez pas ; « car c'est là votre vie [3]. »

Entendons le Retraitant rendant compte lui-même

---

1. Scio cui credidi, et certus sum quia potens est depositum meum servare in illum diem (II Tim. I, 12).

2. Vos filii lucis estis et filii diei (I Thess. v, 5).

3. Audi, fili mi, et suscipe verba mea... Viam sapientiæ monstrabo tibi ; ducam te per semitas æquitatis, quas cum ingressus fueris, non arctabuntur gressus tui, et currens non habebis offendiculum. Tene disciplinam, ne dimittas eam ; custodi illam, quia ipsa est vita tua (Prov. iv, 10-13).

de ses sentiments et de ses impressions. Dans une
lettre datée du couvent et adressée à ses parents,
Arthur disait :

« Je m'accoutume parfaitement ; et je crois que si je
ne vous avais promis de revenir, je consentirais sans
peine à rester ici pour toujours. Mais le R. P. Maître, à
qui j'ai expliqué les choses, me permet de retourner
vers vous, pour préparer de nouveau mon baccalauréat.
J'arriverai chez nous samedi soir. Le R. P. Maître des
Novices.. regarde mon séjour ici comme suffisant. Il
veut bien venir s'entretenir avec moi deux fois chaque
jour. Dans notre première entrevue, je lui exposai en
quelques mots mes désirs, ma vie présente et ma vie
passée ; je répondis à ses questions d'une manière qui
parut le satisfaire ; et je sortis de sa cellule avec une
garantie et une espérance de plus [1]. »

Arthur rentra donc au foyer de la famille , pour
quelque temps encore, libre et dégagé de toute incerti-
tude touchant sa chère vocation. Sa résolution était prise
et d'autant plus fermement arrêtée, qu'elle avait été
préparée par une délibération plus mûre, et que, dans
la recherche des volontés divines sur lui, aucun des
moyens suggérés par une prudence surnaturelle n'avait
été négligé. Aussi, quand, malgré la discrète réserve
qu'il avait gardée sur ses projets et ses démarches, il
rencontra des contradicteurs et des critiques ; quand
des voix amies crurent devoir lui faire entendre d'au-

1. Lettre du 26 août 1875.

tres conseils, Arthur demeura inébranlable : à toutes
les sollicitations et à toutes les instances tendant à le
détourner soit de l'état religieux, soit de l'Ordre de
Saint-Dominique, il répondit que sa conviction était
désormais acquise, et qu'il avait choisi le lieu de son
repos : *Ipsi enim audivimus et scimus* [1] *; hœc requies
mea... hic habitabo quoniam elegi* [2].

Une nouvelle session d'examens pour le baccalauréat
se tint à Rennes, au mois de novembre. Arthur se
présenta, et, cette fois, avec succès. On nous assure
même que sa dissertation écrite lui mérita les éloges
publics des examinateurs. Les épreuves terminées, le
pieux lauréat s'empressa d'aller dans une église
s'agenouiller près du saint Tabernacle, pour faire
hommage à Notre-Seigneur d'un résultat qui mettait
fin à ce qu'il appelait « son trop long exil dans le
siècle [3] ». Fils d'obéissance [4] par le cœur avant de
le devenir par état, craignant aussi de trop accorder à
la chair et au sang [5], quand la voix de Dieu l'appelait
loin de son pays et sa parenté [6], Arthur ne voulut pas,
sans notre approbation, différer son entrée en Religion,
seulement de quelques jours, afin de se reposer au
sein de sa famille. Après deux semaines passées parmi
les siens, il faisait, le 27 novembre, ses adieux à sa
mère, à ses sœurs, à son frère. C'était un samedi et le

---

1. Joan. IV, 42.
2. Ps. CXXXI, 14.
3. Lettre à Mme Groleau, 11 novembre 1875.
4. I Pet. I, 14.
5. Gal. I, 15, 16.
6. Gen. XII, 1.

jour où, cette année, on célébrait, dans le diocèse
d'Angers, la fête de la Présentation de la très-sainte
Vierge. Le lendemain était le premier dimanche de
l'Avent, de sorte que, quand Arthur, arrivé au couvent,
commença à mêler sa voix à celle des Religieux dans la
célébration de la sainte liturgie, la prière chorale,
toute pleine des désirs de l'Église dans l'attente de
Jésus son Epoux, se prêtait merveilleusement à
traduire, par ses formules inspirées, les pensées et les
sentiments qui occupaient l'âme du Postulant, à l'appro-
che de son union plus étroite avec Dieu par les liens de
la vie religieuse. Toutes ces circonstances ménagées par
la Providence (car elle a ses temps favorables et ses
jours de salut [1]) n'échappaient pas à l'attentive reconnaissance d'Arthur.

Monsieur Groleau, nouvel Abraham par l'esprit de
foi, avait voulu accompagner jusqu'au lieu de l'holocauste ce fils très-cher dont Dieu lui demandait
l'offrande [2]. Sept mois plus tard, ce même père reve-
nait à Poitiers, pour assister aux derniers moments de
son fils, et accomplir, avec non moins de courage et de
résignation, un sacrifice plus complet et plus doulou-
reux, celui que consomme la mort, expiation suprême que nous n'eussions pas connue sans le
péché [3].

---

1. Tempore accepto exaudivi te et in die salutis adjuvi te; ecce
nunc tempus acceptabile, ecce nunc dies salutis (II Cor. VI, 2).

2. Gen. XXII, 2, 3.

3. Sicut per unum hominem peccatum in hunc mundum intravit, et
per peccatum mors, et ita in omnes homines mors pertransiit, in quo
omnes peccaverunt (Rom. V, 12.) — Stipendia enim peccati mors
(Ibid. VI, 23).

D'après les constitutions de l'Ordre des Frères-Prêcheurs, une retraite de dix jours devait encore précéder la prise d'habit. A vrai dire, il ne s'agissait pas, pour Arthur, de soumettre à de nouvelles recherches et à de nouveaux examens une décision pleinement acquise, mais de se préparer immédiatement, par la prière et le recueillement, à entrer dans la Famille de saint Dominique, en revêtant les saintes livrées de la Religion. Néanmoins, toujours calme, ennemi de tout enthousiasme irréfléchi et possédant son âme dans la patience [1], notre Postulant apportait à cette retraite une pieuse indifférence et un détachement complet de toute volonté propre. Jusqu'à la dernière heure, il tint son cœur sous le regard et dans la main de Dieu [2]. Comme Samuel, il était venu parce qu'il s'était cru appelé ; comme Samuel aussi, il était prêt à exécuter tout commandement et disait au Seigneur : « Parlez, car voici que votre serviteur écoute [3]. » Ayant une estime très-haute de l'état de perfection, il s'humiliait à la vue de l'honneur incomparable auquel la miséricorde divine semblait vouloir l'élever ; et, comme témoignage de sa gratitude, il s'offrait à sa nouvelle vie avec une générosité sans limites.

Les lettres d'Arthur à ses parents, écho toujours si fidèle et si véridique de son âme candide et droite, reflètent ici, avec un charme particulier, ses dispositions intérieures. Parmi les traits nombreux que nous

1. In patientia vestra possidebitis animas vestras (Luc xxi, 19).
2. Prov. xxi, 1.
3. Ecce ego, quia vocasti me... Loquere, Domine, quia audit servus tuus (I Reg. iii, 9).

aimerions à citer, choisissons-en quelques-uns dans
lesquels on respire un parfum de tendresse filiale plus
familière aux élus du cloître que ne le soupçonnent et
ne le disent ceux *qui sont du monde,* ou empruntent le
langage du monde [1].

« J'ai commencé ce soir, dimanche, ma retraite pré-
paratoire. Il me semble que le bon Dieu veut que je
reste ici ; c'est pourquoi, très-chère maman, permettez-
moi, avant d'entrer définitivement en retraite,... de
vous demander pardon de tous mes manquements à
votre égard. Vous avez toujours été si bonne pour moi,
très-chère maman, que je suis assuré de mon pardon ;
cependant je ne voudrais pas que vous puissiez croire
que je n'emporte pas avec moi le regret des fautes
nombreuses que j'ai commises envers vous. Ah ! si je
devais recommencer à vivre auprès de vous..! Mais pro-
bablement, il n'en sera rien ; et tout ce que je pourrai
faire, pour m'acquitter en quelque chose envers vous,
ce sera de prier beaucoup le bon Dieu pour vous.

« De votre côté, très-chère maman, demandez-lui
qu'il m'éclaire dans cette retraite ; et si sa sainte
volonté est que je reste chez les Dominicains, priez-le
pour que je devienne un Religieux fervent, selon son
cœur et l'esprit de saint Dominique [2]. »

Et quelques jours plus tard :

« Je suis aussi heureux que je pouvais l'espérer, et
je m'estime un enfant gâté de la Providence. Si mes

1. Joann. iv, 5.
2. Lettre du 28 novembre 1875.

lettres testimoniales arrivent à temps, selon toutes les
probabilités, je prendrai le saint habit la veille de
l'Immaculée-Conception de la très-sainte Vierge. Priez
bien le bon Dieu pour moi, très-chers parents ;
demandez-lui qu'il me donne la force d'aller jusqu'au
bout, et, si je prends enfin l'habit, d'accepter entière-
rement la règle que je me serai imposée. J'ai beaucoup
de choses à faire pour arriver à devenir même un
Religieux ordinaire. J'ai été si longtemps à n'avoir pour
règle de conduite que le plaisir ou l'intérêt, que vraiment il me faudra des grâces bien spéciales pour
arriver au degré le plus ordinaire. Enfin, avec l'aide du
bon Dieu, la protection de Marie, notre patronne,
j'espère me corriger de mes défauts [1]. »

Enfin, le 7 décembre, une heure avant la cérémonie
de sa vêture, Arthur expliquait à ses parents tous les
détails de cette cérémonie, et il terminait par les
lignes suivantes, touchante expression de son humilité
et de ses désirs, comme de sa dévotion envers Marie et
des pieuses réflexions qu'il avait déjà faites sur le
symbolisme de l'habit des Frères-Prêcheurs :

« ... Alors je commencerai à devenir Dominicain,
sinon par les vertus qui font le moine, du moins par
l'habit, et plus encore par l'espérance ; mais que de
choses à faire encore ! Que de pensées l'habit seul ne
me suggérera-t-il pas ? La couronne ! c'est la couronne
d'épines de Notre-Seigneur Jésus-Christ, le signe du
renoncement au monde ; la robe blanche, la ceinture,

---

1. Lettre du 1er décembre 1875.

symbole de chasteté ; le scapulaire, le rosaire, marques
de ma dépendance et de mon affection pour Marie. Car
Marie est notre Mère, à nous spécialement qui revêtons
l'habit de saint Dominique. C'est elle qui a donné au
bienheureux Réginald ce scapulaire que le Dominicain
ne doit jamais quitter. Enfin c'est elle qui l'a dit :
l'Ordre de Saint-Dominique est *son Ordre*, l'Ordre
qu'elle protége spécialement. Et par un bonheur dont
je veux remercier Marie, je suis parti de chez vous, le
jour où, dans le diocèse d'Angers, on célébrait la Présentation de la très-sainte Vierge au Temple, et c'est
aux premières vêpres de l'Immaculée-Conception de
Marie, que je me range au nombre de ses enfants [1]. »

1. Lettre du 7 décembre 1875.

CHAPITRE III.

Ce fut en effet sous les auspices de la très-sainte Vierge, le 7 décembre, immédiatement après les premières vêpres de la fête de l'Immaculée-Conception, qu'Arthur reçut l'habit des Frères-Prêcheurs, avec le nom de Frère Hippolyte, sous lequel nous le désignerons désormais. Ce nom rappelait aux souvenirs de nos Frères un Religieux de très-sainte vie et de très-douce mémoire, décédé au couvent du très-saint Nom de Jésus, à Lyon, le 26 décembre 1857, dès le berceau de notre Province dominicaine.

Avec la prise d'habit, commençait le Noviciat.

Quelque attentif et sérieux qu'ait été l'examen d'une vocation, ce n'est point assez quand il s'agit de s'engager dans la voie étroite des conseils évangéliques. L'Eglise, qui, comme la divine Sagesse dont elle est l'organe, juge avec tranquillité et dispose ses enfants avec un grand respect [1], exige encore des aspirants à

---

[1]. Cum tranquillitate judicas, et cum magna reverentia disponis nos (Sap. xii, 18).

l'état de perfection la garantie d'une expérience pro-
longée. Avant qu'ils s'imposent eux-mêmes le fardeau
d'obligations aussi durables que leur vie, elle veut
qu'ils l'essaient. Pendant une année tout entière et
tandis qu'ils demeurent libres de retourner au siècle,
la Religion à laquelle ils s'offrent aura le mandat et le
devoir de les éprouver. A cet effet, elle mettra sous
leurs yeux ses règles et ses observances, elle leur
expliquera son but, leur manifestera son esprit : avec
une suave et discrète énergie, elle les exercera aux
vertus religieuses et elle les initiera aux œuvres pour
lesquelles l'Ordre est spécialement institué. C'est seulement après avoir scruté ainsi leurs dispositions et
mesuré leurs forces, que, mère tendre et prudente,
elle leur demandera s'ils veulent lui donner irrévoca-
blement leurs cœurs et marcher dans ses sentiers [1]. Le
Noviciat, c'est une éducation qui commence, ou, pour
parler comme nos saints Livres, un nouvel enfantement [2] dont le terme est l'homme parfait [3], formé à
l'image de Notre-Seigneur, créé selon Dieu dans la
justice et la sainteté [4].

Mais depuis que le péché a fait son entrée dans le
monde [5], tout enfantement à la vie surnaturelle est

1. Præbe, fili mi, cor tuum mihi, et oculi tui vias meas custo-
diant (Prov. XXIII, 26).

2. Filioli mei, quos iterum parturio, donec formetur Christus in
vobis (Gal. IV, 19).

3. Donec occurramus..... in virum perfectum, in mensuram ætatis
plenitudinis Christi (Ephes. IV, 13).

4. Renovamini autem spiritu mentis vestræ, et induite novum
hominem qui secundum Deum creatus est in justitia et sanctitate
veritatis (Ephes. IV, 23, 24).

5. Rom. v, 12.

nécessairement laborieux [1], parce que la grâce qui en est le principe découle pour nous du Calvaire, et est le prix du Sang de Jésus [2].

Il est vrai : la Religion met à la disposition de ceux qu'elle adopte d'inestimables richesses ; car Notre-Seigneur a dit : « Il n'est personne qui abandonne sa maison, ou ses frères, ou ses sœurs, ou son père ou sa mère, ou ses fils, ou ses champs, à cause de moi et de l'Évangile, qui ne reçoive cent fois autant en ce temps-ci, et, dans le siècle futur, la vie éternelle [3]. » *Nunc et in tempore hoc* : ce centuple donné dès maintenant, comme gage et arrhes des récompenses éternelles, c'est l'éloignement du monde, où tout est concupiscence de la chair, concupiscence des yeux, superbe de la vie [4], et soumis à l'empire du démon [5] ; c'est l'affranchissement de mille sollicitudes temporelles, de mille désirs déréglés qui, pénétrant dans l'âme, y étouffent et rendent stérile la divine semence de la grâce [6] ; c'est la société des Frères, avec le

1. Joann. xvi, 21.
2. Jesus, ut sanctificaret per suum sanguinem populum, extra portam passus est (Heb. xiii, 12).
3. Amen, dico vobis : nemo est qui reliquerit domum, aut fratres, aut sorores, aut patrem, aut matrem, aut filios, aut agros, propter me et propter Evangelium, qui non accipiat centies tantum nunc in tempore hoc..... et in sæculo futuro vitam æternam (Marc x, 29, 30).
4. Omne quod est in mundo concupiscentia carnis est, concupiscentia oculorum et superbia vitæ (I Joan. ii, 16).
5. Mundus totus in maligno positus est (I Joan. v, 19).
6. Ærumnæ sæculi et deceptio divitiarum et circa reliqua concupiscentiæ introeuntes suffocant verbum et sine fructu efficitur (Marc iv, 19).

charme doux autant que fort de l'exemple [1] ; c'est la prière faite en commun, efficace et toute-puissante, parce que Notre-Seigneur lui-même veut bien y joindre ses supplications [2] toujours écoutées [3] ; c'est la direction paternelle et vigilante du Supérieur qui, à chaque instant, exhorte, encourage, commande, et, s'il est besoin, corrige, au nom de Dieu [4]. Ce centuple, en un mot, c'est la grâce sans laquelle nous ne pouvons rien [5], avec laquelle nous pouvons tout [6], se présentant sous mille formes diverses, se mêlant, comme l'air que nous respirons, à tout ce qui nous entoure, se servant même des événements et des choses en apparence les plus vulgaires pour frapper incessamment à la porte de notre cœur [7], et s'insinuer, comme un souffle léger [8], dans nos facultés intérieures, afin de les mouvoir et de les faire fructifier pour Dieu [9]. O saint état de perfection ! qui, parmi ceux-mêmes

1. Frater qui adjuvatur a fratre, quasi civitas firma (Prov. xviii, 19).

2. Si duo ex vobis consenserint super terram, de omni re quamcumque petierint, fiet illis a Patre meo qui in cœlis est ; ubi enim sunt duo vel tres congregati in nomine meo, ibi sum in medio eorum (Matth. xviii, 19, 20).

3. Ego autem sciebam quia semper me audis (Joann. xi, 42).

4. Pro Christo legatione fungimur, tanquam Deo exhortante per nos (II Cor. v, 20). — Qui vos audit me audit (Luc x, 16). — Exhortare et argue cum omni imperio (Tit. ii, 15).

5. Sine me nihil potestis facere (Joann. xv, 5).

6. Omnia possum in eo qui me confortat (Phil. iv, 13).

7. Ecce sto ad ostium cordis et pulso (Apoc. iii, 20).

8. Sibilus auræ tenuis (III Reg. xix, 12).

9. Ut ambuletis digne, Deo per omnia placentes, in omni opere bono fructificantes (Colos. i, 10).

qui ont goûté votre manne cachée, pourrait compter et saurait dire toutes vos mystérieuses influences ? Vous êtes un trésor sans limites ; selon la mesure où nous usons de vous, vous nous rendez participants de l'amitié de Dieu : *Infinitus thesaurus est hominibus, quo qui usi sunt participes facti sunt amicitiæ Dei* [1] !

Quo qui usi sunt : Il faut user de ce trésor ; là se trouve le labeur.

L'état religieux, en effet, c'est, dans ses éléments essentiels, la pauvreté, la chasteté, et l'obéissance promises à Dieu par des engagements sacrés et perpétuels, contractés en face de l'Église et sous sa sauvegarde. User de l'état religieux, c'est donc, par amour pour Dieu et afin de le mieux servir, quitter tout ce que l'on possède [2], se séparer de sa famille selon la chair [3], se quitter soi-même [4], et faire de ce triple dépouillement son *état*, c'est-à-dire l'embrasser, le pratiquer d'une manière persévérante et continue, tous les jours [5], jusqu'à la mort. Comment ce renoncement universel et indéfini à tout ce que la nature aime et recherche ne serait-il pas pénible ? Si déjà la vie chrétienne, avec les obligations qui découlent du baptême, est un combat [6], et un combat sans trêve,

1. Sap. VII, 14.

2. Sic ergo omnis ex vobis qui non renuntiat omnibus quæ possidet, non potest meus esse discipulus (Luc XIV, 33).

3. Si quis venit ad me et non odit patrem et matrem..... et fratres et sorores..... non potest meus esse discipulus (Luc XIV, 26).

4. Si quis vult venire post me abneget semetipsum (Luc IX, 23).

5. Et tollat crucem suam quotidie (Ibid.)

6. Qui certat in agone non coronatur nisi legitime certaverit (II Tim. II, 5).

car toujours, la chair convoite contre l'esprit, et l'esprit contre la chair, sans que ces deux ennemis se
réconcilient jamais[1] ; si l'apôtre saint Paul a pu dé-
clarer que tous ceux qui appartiennent à Notre-Seigneur ont crucifié leur chair, avec les vices et les
convoitises perverses dont la chair est le principe[2],
à combien de titres les Religieux ne diront-ils pas avec
le Psalmiste : Nous sommes considérés comme des
victimes vouées au sacrifice ; tout le jour nous sommes
livrés à la mort : *mortificamur tota die; æstimati sumus
sicut oves occisionis*[3]*!* Aussi les Pères de l'Eglise et les
Saints n'ont-ils pas hésité à appeler la vie religieuse
« un martyre ».

Or c'est l'essai d'une telle vie que la Religion propose
au Novice, et qu'elle attend de lui. Les commence-
ments de cette discipline sont particulièrement amers
à la nature ; pour en cueillir les fruits suaves de justice et de paix[4], il faut porter en son âme une charité
assez généreuse pour se donner sans réserve ; assez
courageuse et assez patiente pour vaincre les obstacles
et persévérer dans le long et difficile chemin de la
perfection[5].

Cette charité généreuse, courageuse et patiente

---

1. Caro concupiscit adversus spiritum, spiritus autem adversus
carnem ; hæc enim sibi invicem adversantur (Gal. v, 17).

2. Qui autem sunt Christi carnem suam crucifixerunt cum vitiis et
concupiscentiis (Gal. v, 24).

3. Ps. XLIII, 23.

4. Omnis disciplina in præsenti quidem videtur non esse gaudii
sed mœroris; postea autem fructum pacatissimum exercitatis per
eam reddit justitiæ (Heb. XII, 11).

5. Charitas patiens est..... omnia sustinet (I Cor. XIII, 4, 7).

pressa le cœur du Frère Hippolyte [1] dès le début de sa nouvelle vie. A peine avait-il revêtu les livrées de la Religion, que sa main traçait l'acte de consécration que voici :

« 8 décembre 1875.

« Aujourd'hui, fête de l'Immaculée-Conception de la très-sainte Vierge Marie, ma Mère, je me donne à Notre-Seigneur Jésus-Christ pour jamais. O Marie, daignez aider votre pauvre enfant dans la tâche qu'il entreprend en ce jour ; donnez-lui d'aimer par-dessus tout Jésus-Christ, votre divin Fils, de devenir un Religieux *humble, chaste, obéissant*. Que la pauvreté soit ma compagne, et l'amour de Marie mon soutien. Bénissez, ô Vierge immaculée, la bonne volonté de votre enfant, et faites qu'il meure sous l'habit de saint Dominique, qui est aussi le vôtre, puisque les Dominicains sont vos enfants.

« *Noli, ô Mater Verbi, verba mea despicere, sed audi propitia et exaudi. Amen* [2]. »

Les lignes qui suivent, le Frère Hippolyte les a écrites avec son sang :

« *Domine, in simplicitate cordis mei offero meipsum tibi hodie in servum sempiternum, in obsequium et in sacrificium laudis perpetuæ* [3].

---

1. Charitas enim Christi urget nos (II Cor. v, 14).

2. O Mère du Verbe, ne méprisez pas mes prières, mais écoutez-les favorablement et daignez les exaucer. Ainsi soit-il.

3. Seigneur, dans la simplicité de mon cœur, je m'offre à vous aujourd'hui, pour vous servir à jamais, en hommage et sacrifice de perpétuelle louange.

« *Sancta Maria sine labe originali concepta, ora pro filiolo tuo* [1].

« *Sancte Pater Dominice, ora pro me* [2].

« *Sancte Hippolyte, Patrone mi, ora pro me* [3].

« Le jour de l'Immaculée-Conception de la Bienheureuse Vierge Marie.

« Fr. Hippolyte GROLEAU. »

« Gloire éternelle à Jésus et à Marie.

« Acceptez, ô Marie, l'offre que vous fait de lui-même le plus misérable de vos enfants, et couvrez-le toujours de votre maternelle protection.

« *In manus tuas, Domine, commendo spiritum meum* [4].

« *Sub umbra alarum tuarum protege me* [5] » (a).

Lorsque le Frère Hippolyte, dès la première aurore de sa vie religieuse, formulait ainsi l'acte de sa consécration au service de Dieu, il avait déjà prévu, compris et senti que cette oblation de lui-même, universelle et absolue, ne deviendrait une réalité pratique qu'à la condition de bien des efforts, bien des luttes et bien des victoires. Dès le 11 décembre, répondant

---

1. Sainte Marie conçue sans la tache originelle, priez pour votre petit enfant.

2. Saint Dominique, mon Père, priez pour moi.

3. Saint Hippolyte, mon Patron, priez pour moi.

4. Seigneur, je remets mon âme entre vos mains (tiré du Psaume XXXe).

5. Protégez-moi à l'ombre de vos ailes (tiré du Psaume XVIe).

(a) *Memoranda.*

à sa vertueuse mère qui lui avait manifesté le désir d'avoir quelques détails sur les sentiments qu'avait éveillés en lui la cérémonie de la prise d'habit, le jeune Novice disait :

« Vous voulez que je vous fasse part de mes impressions. Que vous dirai-je , très-chère maman ? Vous m'écrivez que votre bonheur était mêlé de déchirement ; c'était un peu ma situation. Lorsque je me vis, pour la première fois, sous cette robe que je ne quitterai plus, je l'espère, j'ai senti combien celui qui se fait Religieux a de devoirs à remplir. *Religieux !* Que ce mot dit de choses, à lui seul! C'est une vie toute nouvelle qui doit s'ouvrir pour moi : une vie de sacrifice, de pauvreté, d'obéissance. Que de choses dont mon caractère, mes habitudes m'ont toujours tenu éloigné ! Obéir et se sacrifier, moi qui n'agissais qu'à ma guise et qui ne connaissais de sacrifices que ceux qu'on voulait bien faire à mon orgueil ! Ah ! priez le bon Dieu pour moi, très-chère maman, afin que je ne reste point trop au-dessous de la tâche que le bon Dieu m'a imposée, et que je ne sois point de ceux qui n'ont de religieux que le nom. »

Les yeux fixés sur Notre-Seigneur Jésus, et par amour pour lui, le Frère Hippolyte se mit à l'œuvre et entreprit le combat avec autant d'énergie que de promptitude et de confiance [1]. A peine avait-il eu le

---

1. Per patientiam curramus ad propositum nobis certamen, aspicientes in auctorem fidei et consummatorem Jesum, qui proposito

temps de se familiariser avec les pratiques, si nouvelles pour lui, de la vie régulière, qu'afin de mettre à profit l'épreuve du noviciat et de ne pas perdre une parcelle du don de Dieu [1], il se traçait lui-même, touchant la manière d'accomplir les divers exercices de chaque jour, un petit règlement qui témoigne d'une vertu déjà mûre et d'une volonté fermement décidée à ne pactiser ni avec la tiédeur, ni avec le relâchement. En voici la teneur :

« Le matin en m'éveillant, je penserai que le bon Dieu me donne cette nouvelle journée pour le servir avec plus de fidélité que par le passé ; peut-être le bon Dieu me prépare-t-il, si je lui suis fidèle, de grandes grâces pour ce jour... Peut-être est-ce le dernier de ma vie. Hâtons-nous, ô mon âme, tandis qu'il en est temps.

« Pendant que j'arrangerai notre cellule, je songerai à la fête du jour, ou aux grâces dont le bon Dieu m'a comblé, lui offrant cette occupation pour la réparation des fautes causées par mon orgueil et en union avec les travaux pénibles que dut accomplir Notre-Seigneur Jésus-Christ, pendant les trente années de sa vie privée.

« Je commencerai l'étude de l'Écriture-Sainte par une petite prière à la très-sainte Vierge.

« Pendant Prime, Tierce, etc... je renouvellerai

---

sibi gaudio sustinuit crucem..... Recogitate enim eum..... ut non fatigemini animis vestris deficientes (Heb. xii. 1, 2).

1. Non defrauderis a die bono, et particula boni doni non te prætereat (Eccli. xiv, 14).

aussi souvent que possible l'acte par lequel je me suis donné à Marie [1] ; j'invoquerai le Cœur de Jésus, saint Dominique, etc...

« Pendant la classe [2], je regarderai les images placées devant moi, le Sacré-Cœur de Jésus, saint Dominique, sainte Catherine de Sienne.

« Je commencerai toujours l'oraison par une discipline, ou la récitation, les bras en croix, d'au moins deux dizaines du Rosaire, suivies du *Salve Regina*, du *Memorare*, du *Sub tuum*.

« Entre le premier et le second signal de None ou de Sexte, je ferai rapidement mon examen, sur la manière dont j'aurai passé la matinée et observé mon règlement.

« Pendant le dîner : Avant de toucher au premier plat, je mangerai trois bouchées de pain sec, en l'honneur de la très-sainte Trinité (pratique du B. Henri Suso, de l'Ordre de Saint-Dominique), et je réciterai trois *Ave Maria*, suivis de la prière au Sacré-Cœur de Jésus : « O divin Jésus, moi Fr. H. etc. » ...Tous les vendredis, je me priverai de dessert. Pendant le repas, je tâcherai de considérer souvent les croix placées, soit sur notre bouteille, soit sur nos assiettes, m'unissant aux souffrances de Jésus mort pour nous sur la Croix.

1. Le Frère Hippolyte fait allusion ici à une nouvelle consécration à la très-sainte Vierge, plus explicite que celle du 8 décembre ; nous l'avons retrouvée parmi ses *memoranda* ; elle porte la date du 6 janvier, et est antérieure de quelques jours seulement au règlement que nous reproduisons.

2. Cette classe a pour objet l'explication aux Novices des constitutions de l'Ordre de Saint-Dominique.

« Pendant la récréation : je m'efforcerai de ne pas
trop parler, évitant toute espèce de critique, de médi-
sance, et laissant toujours la parole au Frère qui com-
·mencerait à parler en même temps que moi, ou même
après moi. Je tâcherai aussi de penser à Notre-Seigneur
et à la très-sainte Vierge, en tenant en main soit notre
Rosaire, soit notre Crucifix.

« Après-midi, je tâcherai de rester toujours en la
présence de Dieu, ayant soin, pour cela, de faire une
petite prière chaque fois que je commencerai un travail différent de celui qui m'occupait précédemment,
interrompant même de temps en temps celui que
j'aurais commencé, pour faire une courte prière.

« S'il me restait encore quelque portion de mon
Rosaire à dire après Complies, je le dirais en *venia*[1].

« Je n'entrerai jamais dans notre cellule, ni n'en
sortirai, sans avoir fait le signe de la Croix avec l'eau
bénite.

« Pendant l'Office, je tâcherai d'éviter la dissipation, ayant soin, pour cela, de ne pas trop lever les yeux
et de renouveler souvent mon acte de consécration à
Jésus en Marie.

« Avec mes Frères, je tâcherai, à l'exemple de Jésus,
d'être toujours aussi aimable et aussi doux qu'il me
sera possible, ne craignant pas, s'il en arrivait autrement, de leur demander pardon de ma maussaderie,
et de m'en accuser publiquement.

« Toutes les fois que je recevrai une lettre, j'atten-
drai quelque temps avant de la lire.

---

1. Sorte de prostration en usage dans l'Ordre des Frères-Prêcheurs.

« Au Chœur, je tâcherai de ne pas m'appuyer pendant
que l'on est assis, et j'aurai ordinairement les mains
sur mon Crucifix,

« Fait en présence de ma bonne Mère qui est dans les
Cieux, de saint Dominique, mon Père, et de saint Hippolyte, mon Patron. Puissent-il me soutenir dans la
tâche que j'entreprends contre les habitudes dévelop-
pées en moi par la mollesse et le péché, et qu'ils m'aident
à accomplir ce petit règlement.

                          « Fr. HIPPOLYTE,

                  « Nov. des Frères-Prêcheurs.

« Poitiers, 15 janvier 1876.

« *N. B.* Je relirai ce règlement au moins tous les
mardis, jour où j'ai eu le bonheur de recevoir le saint
habit [1]. »

Ce qu'il s'était proposé, le Frère Hippolyte le pra-
tiqua avec une persévérante fidélité.

En établissant et consolidant le règne de Dieu sur
les ruines de ce que l'apôtre saint Paul appelle *l'homme
ancien* et le *corps du péché* [2], l'austère discipline de la
vie religieuse généreusement embrassée amène insensiblement après elle une paix suave et joyeuse, fruit
de l'Esprit-Saint [3] : paix qui pénétrant, comme un
parfum subtil, dans l'intime de l'âme, en bannit toute

---

1. *Memoranda.*

2. Hoc scientes quia vetus homo noster simul crucifixus est, ut
destruatur corpus peccati (Rom. vi. 4).

3. Regnum Dei..... justitia, pax et gaudium in Spiritu Sancto
(Rom. xiv, 17).

agitation trop inquiète, recueille les facultés intérieures
et les attire à Notre-Seigneur ; ou, pour parler comme
l'Apôtre, *garde nos intelligences et nos cœurs dans le Christ
Jésus* [1]. La prière sous ses formes diverses, louange,
demande, actions de grâces, devient alors un besoin, un
aliment et un repos pour l'âme ; car le Christ est sa
vie, et mourir à tout le reste lui est un gain [2]. Cette
paix *surpasse tout sentiment* : c'est-à-dire que, dominant
toute vue humaine et toute affection terrestre, elle fait
voir Dieu en tout, et tout aimer pour Dieu. Pauvreté,
chasteté, obéissance, humiliations, souffrances extérieures, épreuves intérieures, tout devient doux à
l'âme, parce qu'elle y trouve les traces de Jésus, des
titres à ses complaisances, des conformités avec lui,
et, par suite, des gages de prédestination, des éléments
de mérites [3] et comme autant de diamants qui enri-
chissent la couronne qu'elle espère, et que le juste Juge
donne pour récompense à ceux qui ont combattu le
bon combat [4]. Bienheureux sont ceux qui meurent
ainsi dans le Seigneur [5], et dont la vie est cachée avec
Notre-Seigneur en Dieu [6] !

1. Nihil solliciti sitis ; sed in omni oratione et obsecratione, cum
gratiarum actione, petitiones vestræ innotescant apud Deum ; et pax
Dei quæ exsuperat omnem sensum custodiat corda vestra et intelli-
gentias vestras in Christo Jesu (Philip. iv, 6 et 7).

2. Mihi enim vivere Christus est, et mori lucrum (Philip. i, 21).

3. Rom. viii, 29.

4. Bonum certamen certavi..... in reliquo reposita est mihi co-
rona justitiæ. quam reddet mihi Dominus in illa die justus judex
(II Tim. iv, 7).

5. Beati mortui qui in Domino moriuntur (Apoc. xiv, 13).

6. Mortui enim estis et vita vestra est abscondita cum Christo in
Deo (Col. iii, 3).

Le Frère Hippolyte aurait-il, dès ses premiers pas
dans la vie religieuse, goûté quelque chose de cette paix
bienheureuse, ordinairement le partage et les délices
des parfaits? Oserions-nous appliquer à notre Novice
de quelques mois ces paroles du Sage : « Son âme était
agréable à Dieu : c'est pourquoi, malgré la brièveté
de sa course, il a fourni en peu de temps une longue
carrière, et donné des fruits de vertus consommées¹ » ?
Ce que nous pouvons du moins affirmer, c'est que peu
d'âmes, même exercées par un lent et pénible labeur,
nous ont paru, plus que la sienne, unies habituelle-
ment avec Notre-Seigneur, et familiarisées avec le
doux repos en Dieu. Ce que nous pouvons affirmer
encore, c'est que le Frère Hippolyte a été l'interprète
vrai de dispositions que maintes fois nous nous sommes
plu à constater en lui, lorsqu'écrivant à un de ses
anciens condisciples au Petit-Séminaire Mongazon, il
disait :

« Je suis parfaitement accoutumé ; il me semble que
nulle part ailleurs je ne pourrais être plus heureux
qu'ici. Tout notre temps se passe à chanter les
louanges du bon Dieu et de la très-sainte Vierge,
notre patronne et notre mère. Le matin, nous étudions
l'Écriture-Sainte, les rubriques, les constitutions; nous
récitons le Rosaire, le petit Office de la très-sainte
Vierge, et notre journée se termine, comme elle s'est
commencée, par le chant de l'Office divin. Si tu savais
comme je me sens à l'aise et content ! Et, de fait, de

1. Consummatus in brevi, explevit tempora multa; placita enim
erat Deo anima illius (Sap. IV, 13, 14).

quoi serions-nous embarrassés ? N'avons-nous pas, pour
pourvoir au moindre de nos besoins, cette Providence
éternellement bonne, qui s'occupe du plus petit des
êtres créés ? Et puis, d'ailleurs, le bon Dieu n'est-il
pas, en quelque sorte, tenu de nous secourir, nous
qui n'avons rien en propre et qui sommes des pauvres
de Jésus-Christ ?... Ce détachement complet, qui, au
premier abord, peut paraître bien dur, et qui, de fait,
n'est pas sans coûter, est cependant bien doux. On se
réjouit à l'idée que, ne possédant plus rien, aban-
donnant tout, on trouve plus complétement Jésus-
Christ. Sans cela, faire le sacrifice de ces mille
riens qui tiennent si fortement à notre cœur, serait
chose impossible. »

Et après avoir cité quelques traits charmants de la
protection toute spéciale de la très-sainte Vierge sur
l'Ordre de Saint-Dominique, le Frère Hippolyte continue :

« Tu comprends sans peine qu'au milieu de pareils
exercices, bien loin de m'ennuyer, je ne puis que
trouver un bonheur sans mélange. Et puis, je suis
heureux de me sentir véritablement un peu plus au
bon Dieu, de pouvoir expier un peu les fautes sans
nombre de ma vie passée et de pouvoir me dire que,
si j'ai beaucoup péché, j'ai du moins offert au bon Dieu
tout ce que mon pauvre cœur avait de plus cher ici-
bas, et de le considérer comme ma seule richesse et
la part exclusive de mon héritage : *Dominus pars hæreditatis meæ*[1]. »

1. Lettre à M. Aug. R .. — Cette lettre ne porte pas de date ; mais

Combien d'autres témoignages analogues ne pourrions-nous pas citer?

Il ne saurait entrer dans notre dessein de donner ici de longs détails sur la vie du Frère Hippolyte au Noviciat, durant les quelques mois qui précédèrent sa courte maladie et sa précieuse mort. D'ailleurs, rien de plus simple, en soi, que ces journées partagées entre la prière, l'étude des choses pieuses, et la pratique des observances régulières. L'austère uniformité dans laquelle ces différentes occupations se succèdent cache elle-même une épreuve, disons mieux, un écueil contre lequel se brise promptement la persévérance de ceux qu'aurait amenés en Religion l'ardeur inconsidérée et irréfléchie d'une imagination mal réglée. Du côté du Frère Hippolyte, même simplicité. Judicieux et prudent, il s'appliqua avant tout à faire parfaitement ses actions ordinaires ; nul ne sut mieux que lui que garder sa Règle avec une exacte ponctualité, suivre docilement les conseils des Supérieurs, se montrer constamment fidèle dans les petites choses, c'est, pour le Religieux, la voie sûre et brève de la sanctification [1]. A ne considérer que son maintien modeste (je dirai même quelque peu négligé), l'enjouement de sa conversation, les saillies fines de son esprit prompt et délié, on n'eût pas soupçonné les trésors renfermés dans son intérieur, son recueillement habituel, son amour de la prière, et son union avec Dieu.

nous savons qu'elle a été écrite vers la fin du mois de décembre 1875.

1. Custodi legem atque consilium ; et erit vita animæ tuæ, et gratia faucibus tuis (Prov. III, 21, 22).

Toute la beauté de son âme se cachait au dedans [1] ; une humilité sincère faisait la garde autour de ses autres vertus, et en réservait pour Dieu seul les délicieux parfums.

Mais comment tairions-nous la tendre et ardente dévotion du Frère Hippolyte envers la très-sainte Vierge ? Cette dévotion, notre Novice l'avait, pour ainsi dire, sucée avec le lait maternel. A peine la vertueuse Madame Groleau avait-elle mis au monde son Arthur, que, pénétrée de la grandeur de ses devoirs de mère, « ne se croyant pas, ainsi qu'elle-même s'exprimait plus tard, à la hauteur de sa mission », elle avait « prié la très-sainte Vierge de la remplacer près de son enfant [2]. » Le Frère Hippolyte, nous en avons été maintes fois le témoin, ne pouvait, sans attendrissement, songer à cette consécration, acte de piété et d'affection maternelle, et il aimait à y voir la source de la protection continue dont il se reconnaissait redevable à Marie immaculée. De fait, la douce et puissante influence de la Mère de Dieu se retrouve dans chacune des circonstances importantes de la vie d'Arthur. Si, pendant ses années de collège, sa vertu n'avait pas, comme celle de tant d'autres, hélas ! fait de tristes naufrages, si sa foi n'avait pas été ébranlée, il reconnaissait en cela le fruit béni d'une prière adressée chaque jour à Marie, même devant le temps où d'ailleurs il se montrait tiède et nonchalant dans le service de Dieu. Sa conversion à une vie plus chrétienne, lors de son

1. Omnis gloria ejus filiæ regis ab intus (Ps. XLV, 14).
2. Lettre de Mme Groleau à Arthur, 1er décembre 1875.

entrée en rhétorique, il y voyait l'œuvre de Marie.
C'est à Marie encore, qu'il faisait hommage de sa vocation
à l'Ordre des Frères-Prêcheurs : si quelque cause
saisissable semble en effet avoir déterminé le choix
que fit Arthur de cette Famille religieuse de préférence à beaucoup d'autres, c'est assurément la piété
traditionnelle et héréditaire des fils de saint Dominique
envers l'auguste Mère de Dieu.

Devenu Novice, le Frère Hippolyte étudia la très-
sainte Vierge, afin de la mieux aimer. Sous ce titre
emprunté à saint Bernard : *De Maria nunquam satis*[1], il a,
durant les loisirs très-courts que lui laissaient les
exercices multipliés du Noviciat, réuni des notes
nombreuses et étendues, fruit d'actives et intelligentes
recherches. Ce sont les Mystères du saint Rosaire autour desquels il a groupé des textes empruntés à la
sainte Écriture ou des considérations pieuses; ce sont
les litanies de Lorette, dont chaque invocation a son
commentaire particulier; ce sont des résumés suc-
cincts et substantiels qu'il a su tirer de ses lectures,
en particulier des œuvres ascétiques du grand serviteur de Marie, saint Alphonse de Liguori. Mais ce qu'il
recueillit par-dessus tout avec un zèle industrieux et
un vrai bonheur, ce sont les témoignages, si souvent
répétés, depuis plus de six siècles, de l'incessante et
toute spéciale protection de la Mère de Dieu sur l'Ordre
des Frères-Prêcheurs [2]. Histoires et anciennes chroni-
ques, vies de nos Saints et de nos Saintes, tout était

---

1. On n'aura jamais fait assez pour Marie.
2. Depuis longtemps, la liturgie des Frères-Prêcheurs célèbre par
une fête solennelle ce patronage de Marie sur les fils de S. Dominique.

compulsé par le Novice avec un soin jaloux, et nul n'excella, comme lui, à citer dans des lettres ou à rappeler dans la conversation quelques-uns des traits, fruits de ses patientes recherches, et chers à sa piété.

— V. *Etudes sur les temps primitifs de l'Ordre de Saint-Dominique, par le R. P. Antonin Danzas*, t. IV, chap. XXXI. — Paris et Poitiers, H. Oudin frères, éditeurs.

CHAPITRE IV.

MALADIE ET MORT DU FRÈRE HIPPOLYTE.

Dons de l'esprit et qualités du cœur semblaient se réunir dans le Frère Hippolyte, et nous autoriser à fonder sur lui, pour l'avenir, les plus légitimes espérances. Mais combien les pensées des hommes sont fragiles, et leurs conjectures incertaines [1] ! A peine l'année du noviciat était-elle au milieu de sa course, que la mort se présentait. Quelque prompte et hâtive qu'ait été sa visite, elle ne fut pas imprévue. Selon la recommandation de Notre-Seigneur, le Frère se tenait attentif et il était prêt [2]. D'ailleurs il avait plu à Dieu de rappeler à lui, dans l'espace de quelques semaines, plusieurs personnes particulièrement chères à notre Novice ; et ces avertissements avaient été compris. La première tombe qui s'ouvrit ainsi sous les yeux du jeune Religieux fut celle de sa mère.

Lorsque, vers la fin du mois de novembre 1875, Arthur se présentait au Noviciat, il laissait sa mère souffrante d'un mal dont la gravité ne tarda pas à se

---

1. Cogitationes enim mortalium timidæ, et incertæ providentiæ nostræ (Sap. ix, 14).

2. Luc xii, 37, 40.

manifester par des symptômes alarmants. Après bien
des alternatives de crainte et d'espérance, on acquit,
vers le milieu du mois de juin, la douloureuse conviction que les ressources de la science seraient impuis-
santes à amener une guérison. Tout en appelant de
cette sentence humaine au tribunal du Père des miséricordes et du Dieu de toute consolation [1], qui seul a
l'empire souverain de la mort [2] ; tout en soutenant le
courage de son père et de ses sœurs, dans des lettres où
l'affection la plus tendre s'allie délicatement avec le plus
parfait abandon, le Frère Hippolyte préparait son âme
au sacrifice.

Rien cependant n'avait encore fait entrevoir l'immi-
nence du dénouement fatal, lorsque, le 1ᵉʳ juillet, une
lettre écrite par un vénérable prêtre, ami et confident
de la famille Groleau, apportait tout à la fois, au couvent de Poitiers, et la triste annonce du péril survenu
subitement, et le désir manifesté par la malade de
revoir, avant de mourir, l'enfant que, quelques mois
auparavant, elle avait généreusement offert à la vie
religieuse. Le Frère Hippolyte partit pour Angers ce
même jour, avec la bénédiction de son Supérieur, et
en compagnie d'un Religieux. Le fils n'eut pas la consolation de recevoir le dernier soupir de sa mère.
Lorsqu'il arriva à la maison paternelle, Madame Groleau
avait, depuis quelques heures, rendu son âme à Dieu,
dans d'admirables sentiments de foi et de piété.

Quelles émotions se pressèrent dans le cœur du Frère

1. II Cor. I, 3.
2. Sap. XVI, 13.

Hippolyte, à la vue des restes inanimés d'une mère qu'il vénérait comme une sainte et à qui il avait voué un vrai culte filial ? Lui-même va nous l'apprendre. Dans une lettre adressée à un de ses anciens condisciples devenu Novice à l'abbaye Bénédictine de Solesmes, il écrivait :

« Il y a trois semaines, j'arrivai à Angers, espérant recevoir au moins le dernier soupir de ma pauvre mère. Il était trop tard ! Depuis huit heures, elle avait rendu sa belle âme au bon Dieu en m'appelant à ses pieds pour me voir et me bénir. Eh bien ! je t'assure, si je n'avais eu sous les yeux l'image bénie du Sauveur en croix, dans mon cœur la pensée de l'éternelle union, j'aurais été tenté de me désespérer... Mais, au milieu de mes larmes, je sentais je ne sais quelle douceur qui me faisait aimer la souffrance, bénir la main qui me frappait, offrir mille et mille fois à Dieu celle que je venais de perdre, comme elle-même, n'espérant plus me voir, renouvelait en mourant le sacrifice qu'elle avait fait en me donnant à Dieu. Oh ! oui, c'est dans ces circonstances qu'on le sent, la douleur qui déchire est une douleur vraiment sainte, vraiment réparatrice [1]. »

La blessure fut vive et profonde ; mais la pensée des récompenses éternelles et un regard jeté aussitôt sur Jésus en croix suffirent à faire naître, dans l'âme brisée du jeune Religieux, une résignation sereine et presque joyeuse.

Ces mêmes sentiments, le pieux Novice eut la conso-

_____

[1]. Lettre au R. Fr. A. L..., 24 juillet 1876.

lation de les voir germer dans les cœurs si chrétiens
de ceux qui l'entouraient. La tombe de Madame Groleau
n'était pas encore fermée, l'Eglise n'avait pas encore
répandu sur elle l'encens de ses prières et l'eau de ses
bénédictions, que déjà, d'une ocmmune voix, le père et
les enfants remerciaient Dieu qui les visitait dans leur
tristesse, les consolait, les fortifiait au milieu de leur
épreuve.

Le tribut de la piété filiale et de l'affection fraternelle
acquitté, le Frère Hippolyte revint à Poitiers, calme et
paisible extérieurement, mais rempli intérieurement
de la pensée de la mort, et avec le pressentiment que
son pèlerinage terrestre serait court. Cette préoccupa-
tion se manifestait dans les lettres qu'il adressait à sa
famille et à ses amis, dans les notes qu'il recueillait
pour lui-même, dans les confidences intimes et plus
fréquentes qu'il avait avec ses Supérieurs ; mais surtout
et principalement elle se traduisait dans sa conduite.
De jour en jour la prière devenait pour lui un besoin
plus impérieux ; son recueillement était plus profond,
sa charité plus prévenante, sa conversation plus douce.
On eût dit qu'il se hâtait d'amasser en peu de temps les
mérites d'une longue vie.

A la pensée de la mort, s'ajouta bientôt le désir.
« J'ai la ferme confiance, nous disait un jour le Frère
Hippolyte, que ma petite mère est au ciel, et je me
prends parfois à lui demander que bien vite elle
m'appelle près d'elle ; je tâche alors de faire le sacrifice
de ma vie ; et il me semble que ce sacrifice me coûte
peu. Peut-être parlerais-je autrement, si j'étais réelle-
ment en présence de la mort. »

Le Novice, nous en fournirons bientôt les témoignages, ne parla pas autrement en présence de la mort.
Sans doute il gardait dans son cœur des affections très-
vives, soit pour ses frères en Religion, soit pour les
parents qu'il avait laissés dans le monde ; mais ces liens
étaient si purs, si pleinement subordonnés à la volonté
divine, qu'ils n'arrêtaient pas les élans de son âme vers
la Patrie céleste.

Quelques jours s'étaient à peine écoulés depuis la
mort de Madame Groleau, quand deux autres tombes
reçurent les restes d'anciens amis et condisciples
d'Arthur au Petit-Séminaire. Ces coups et ces enseignements de la divine Providence affermissaient de plus
en plus le Frère Hippolyte dans l'ennui de la terre et le
désir du ciel. Ecrivant au frère de l'une de ces dernières
victimes de la mort, il disait :

« L'important pour nous, c'est de nous préparer à
mourir, pour aller rejoindre ceux qui nous ont quittés.
Quand notre tour viendra-t-il ? C'est le secret de Dieu.
La seule chose nécessaire, c'est une bonne mort. Pourquoi sommes-nous venus en Religion ? Est-ce pour y
vivre heureux, pour y vivre longtemps ? Au contraire.
Un peu plus tôt ou un peu plus tard !... Heureux ceux
qui partent les premiers : débarrassés des soucis de la
terre, ils se reposent en Dieu [1]. »

La lettre à laquelle nous empruntons ces lignes porte
la date du 24 juillet. La nuit suivante, se déclarait la

1. Lettre au R. Fr. A. L..., 24 juillet 1876.

crise décisive qui conduisit si rapidement notre Novice au tombeau.

Depuis son retour d'Angers, le Frère Hippolyte semblait affaibli et abattu physiquement. Il ne se plaignait pas, et lorsque nous l'interrogions sur sa santé, il ne savait, malgré l'humble simplicité avec laquelle il avait coutume d'avouer à ses Supérieurs les misères de son corps comme celles de son âme, nous indiquer aucune souffrance précise, ni aucune cause de malaise. Nous n'étions pas rassurés néanmoins. A deux reprises différentes, le médecin fut consulté. Malgré un examen minutieux, Monsieur le docteur G., qui veut bien mettre à notre disposition sa longue expérience et sa haute capacité, ne reconnut qu'un désordre sans gravité, facilement explicable, soit par les circonstances douloureuses que le Frère venait de traverser, soit par les chaleurs exceptionnelles de la saison. En réalité la mort approchait.

Pendant la nuit du 24 au 25 juillet, le Frère fut saisi de très-vives douleurs d'entrailles. Des vomissements bilieux survinrent, puis des défaillances. Il fallut transporter le malade à l'infirmerie, et rappeler aussitôt le médecin. Celui-ci crut d'abord à un accès de coliques hépathiques, mal dont le Frère avait ressenti quelques atteintes autrefois, étant encore dans sa famille; mal aigu sans doute, mais ordinairement passager et sans péril bien sérieux. Notre Novice conçut d'autres pensées. Il vit aussitôt, dans ce qu'il éprouvait, poindre l'aurore de la dissolution de son corps, et il savoura l'espérance que son âme ne tarderait pas à être réunie à son Dieu. Nous arrivâmes près du malade

à la première annonce de la crise ; d'une voix presque
éteinte par l'excès de la souffrance, mais avec une
sérénité inexprimable, il nous dit : « Mon Père, c'est
« ma petite mère qui m'envoie cela. Elle me veut sans
« doute près d'elle ; que Dieu soit loué : *In domum*
« *Domini ibimus* [1] ». Ces pressentiments ne devaient
que trop se réaliser. Les vomissements et les syncopes
se succédèrent avec une rapidité effrayante : toute ali-
mentation devint impossible, et l'inflammation du
péritoine fut bientôt constatée. Chaque jour dès lors
vit augmenter nos craintes.

L'Esprit-Saint a dit : « *Quæ seminaverit homo, hæc et
metet* [2] : ce que l'homme aura semé, il le recueillera ».
Sans doute, le temps de la semence, c'est le temps du
mérite, c'est-à-dire la vie présente tout entière ; le
temps de la moisson, c'est le temps des récompenses,
ou la vie éternelle. Toutefois, il n'est pas rare que,
pour ses serviteurs fidèles, Notre-Seigneur semble faire
lever, sur les derniers jours de leur pèlerinage terrestre,
comme l'aube anticipée du Paradis : alors, tandis que
l'homme extérieur se corrompt, que ses membres se gla-
cent, que ses forces s'épuisent, *l'homme intérieur se
renouvelle* [3], acquiert une activité et une énergie, goûte
une paix qui sont comme les prémices de la vie bienheureuse. Or, depuis le jour où, encore dans le siècle, il
avait résolu de se donner à Dieu, mais surtout depuis
son entrée en Religion, le Frère Hippolyte s'était exercé

1. Ps. cxxi, 1.
2. Gal. vi, 8.
3. II Cor. iv, 16.

généreusement à la piété, à la mansuétude, à la pureté
du cœur et au détachement de toutes les choses créées.
Le bon grain confié à la terre de son âme avait déjà
germé au centuple, et il produisit, au temps de la souffrance, des fruits exquis de vertus difficiles et consom-
mées. Pendant les six jours de sa cruelle maladie, notre
Novice n'a laissé échapper aucune plainte ni formulé
aucun regret. Sa patience a été constamment plus forte
que ses douleurs ; ses lèvres ne se sont ouvertes que
pour louer Dieu et le bénir, pour consoler et encourager
ceux qui l'entouraient, et témoigner une affectueuse
reconnaissance après les services rendus. Ni le souvenir
très-humble et toujours présent de ses fautes passées,
ni la pensée de quitter bientôt ceux qu'il avait connus
et aimés ici-bas, ne parvinrent à troubler sa paix intérieure ou à diminuer la douce sérénité de son visage.
Il alla au-devant de la mort joyeux et libre de toute
entrave, ou, pour parler comme nos saints Livres, il lui
sourit jusqu'à la dernière heure : *Et ridebit in die
novissimo* [1].

En face d'un mal dangereux et dont les progrès étaient
rapides, nous avions l'obligation de ne pas différer d'ouvrir à notre Frère tous les trésors que l'Eglise, dispensa-
trice des miséricordes divines, tient en réserve pour les
mourants, afin de les fortifier dans leurs derniers com-
bats. Les dispositions admirables dont nous étions témoins rendaient d'ailleurs notre tâche facile. Ne se faisant
aucune illusion sur la gravité de son état, ayant un
pressentiment très-marqué de sa fin prochaine, le

1. Prov. XXXI, 25.

Frère Hippolyte veillait avec plus de soin que jamais à la parfaite pureté de sa conscience. Dès qu'une crainte légère d'avoir manqué de fidélité à la grâce et contristé l'Esprit-Saint [1] s'élevait dans son âme, il ne tardait pas à confier son inquiétude à son Père-Maître, et à solliciter une nouvelle absolution sacramentelle. Heureux enfant ! Il craignait les jugements de Dieu, et néanmoins son cœur demeurait toujours ouvert à l'espérance et à l'amour [2].

Ce fut dans la soirée du vendredi 28 juillet que nous lui parlâmes de l'Extrême-Onction. Pour le Saint-Viatique, nous ne pouvions alors songer à le lui administrer, parce que son estomac se refusait obstinément à rien recevoir, et que les vomissements se succédaient à des intervalles très-courts. Toutefois le bon Dieu ne permit pas, nous le verrons bientôt, que cet état de choses, si pénible à tous, se prolongeât jusqu'à la mort, et privât notre Frère des secours particuliers qu'apporte à l'âme , surtout dans le moment suprême, le Pain fortifiant de la très-sainte Eucharistie. Notre proposition de l'Extrême-Onction fut acceptée avec la joie simple et empressée qui accompagne la réalisation d'un désir déjà conçu. Le malade se prépara par un jour entier de prière plus fervente et une nouvelle confession. Le samedi 29, vers trois heures de l'après-midi, le T. R. P. Prieur vint, avec toute la Communauté, selon le cérémonial usité dans notre Ordre, et fit sur le malade les onctions sacramentelles, tandis

1. Ephes. IV, 30.
2. Ps. CXI, 4, 7.

que celui-ci répondait aux prières de l'Eglise d'une voix ferme et assurée, qui trahissait tout ensemble et son calme et son esprit de foi.

Un détail nous semble mériter d'être ici mentionné particulièrement, parce qu'il témoignera une fois de plus que la vie religieuse, loin de détruire dans le cœur du fils et du frère les légitimes et saintes affections de la nature, les avait au contraire entretenues et vivifiées, en leur communiquant une délicatesse et une force dont la grâce divine a seule le secret. Au cours des rites sacrés et suivant les indications de la liturgie, le malade avait demandé pardon à ses frères en Religion des fautes dont il avait pu se rendre coupable à leur égard ; il s'était recommandé très-humblement aux prières de tous, lorsque la pensée de sa famille selon la chair lui revint à l'esprit. Laissant alors déborder les sentiments de sa piété filiale et de son affection fraternelle, il nous conjura avec instance de nous souvenir tout spécialement devant Dieu de ses parents que sa mort allait attrister profondément. En premier lieu, il nomma son père. « Ce cher père, ajou- « ta-t-il, il a toujours tant aimé ses enfants ! S'il savait « que je suis malade, il viendrait bien vite ici. Certai- « nement, il n'était pas à Angers quand les lettres y « sont arrivées [1]. J'ai la confiance que son esprit de « foi l'aidera à porter l'épreuve, il est si chrétien ! »

---

[1]. Nous avions en effet écrit plusieurs fois à M. Groleau pour l'informer de la maladie de son fils et lui faire part de nos inquiétudes croissantes. M. Groleau, n'étant pas pour lors à Angers, n'eut connaissance de nos lettres que tardivement. Il arriva au couvent de Poitiers ce même jour 29 juillet, mais quelques heures plus tard.

Puis il recommanda son frère Maurice, « si jeune pour
« n'avoir plus de mère ! » ; enfin ses sœurs : « Elles
« m'aiment beaucoup, dit-il, et seront d'autant plus
« affligées, qu'elles ne pourront être présentes ni à ma
« mort, ni à mes funérailles ! »

Après avoir reçu l'Extrême-Onction, notre Novice fit sa
profession religieuse.

Nous l'avons déjà dit : l'Eglise, dans sa haute sagesse,
a réglé que, principalement dans les Ordres religieux
proprement dits, c'est-à-dire les Instituts où l'on émet
des vœux solennels, les engagements de la profession
ne seraient contractés qu'après un noviciat ou épreuve
préalable d'une année entièrement révolue. Toutefois,
d'après un privilége apostolique[1] primitivement accordé
aux Sœurs dominicaines du second Ordre, devenu
depuis l'héritage de toutes les Familles religieuses, les
Novices peuvent, en cas de maladie jugée mortelle,
être admis à prononcer leurs vœux avant l'expiration
du terme régulier. Quoique cette profession anticipée
n'ait point pour effet de lier la Religion envers le
Novice revenu à la santé, ni d'interdire à celui-ci le
retour à la vie séculière, du moins est-elle consacrée et
consolidée par la mort : de sorte que l'âme du jeune
Profès, dégagée des liens de son corps, se présente
devant Dieu avec les mérites acquis du sacrifice
consommé, et avec un droit assuré aux suffrages que
l'Ordre accorde à ses membres défunts. Le Frère
Hippolyte, en fils prudent non moins que dévoué de
notre B. P. saint Dominique, ne négligea point ces

---

1. S. Pius V, Constit. *Summi Sacerdotii* 23 aug. 1570.

trésors spirituels offerts à sa piété. Aussitôt après avoir
reçu l'Extrême-Onction, il prononça ses vœux de
Religion, entre les mains du T. R. P. Prieur, et en
présence de la Communauté tout entière.

« J'espère, nous disait-il ensuite, que le bon Jésus
« aura eu pour agréable l'holocauste que je viens de
« lui présenter. Qu'ai-je offert en réalité ? Très–peu de
« chose, assurément, puisque ma vie va finir. Il me
« semble cependant que je me suis donné tout entier,
« comme j'aurais voulu le faire après un noviciat com-
« plet, avec la perspective d'une longue vie et de
« beaucoup de travaux à supporter pour la gloire de
« Dieu et le service de notre saint Ordre. Jésus, Marie,
« Joseph, saint Dominique, à vous mes petites souf-
« frances et mes pauvres prières, jusqu'à mon dernier
« soupir. *Donec aspiret dies et inclinentur umbrœ, vadam*
« *ad montem myrrhœ et collem thuris* [1] ! » Et après
quelques instants de recueillement et d'actions de grâces, se penchant vers l'infirmier qui lui rendait en ce
moment quelque service, il ajoutait : « O mon Père, si
« vous saviez combien sont grandes les grâces dont je
« suis comblé dans ce moment ! »

Que se passait-il donc en vous, à cette heure, bien-
aimé Frère ? Sans doute, ce que l'angélique Docteur
saint Thomas exprimait par ces paroles si pleines de douceur et de vérité : *Religio est suave jugum Christi.........*
quod quidem suave jugum super se tollentibus refectionem
divinœ fruitionis repromittit, et sempiternam requiem

1. Cant. IV, 6.

animarum [1] : La vie religieuse c'est, par excellence, le
joug suave et léger de Notre-Seigneur ; vous veniez de
prendre ce joug sur vos épaules, autant du moins qu'il
vous était possible ; et déjà les promesses divines com-
mençaient à se réaliser en vous ; une joie fortifiante se
répandait dans votre âme et préludait à l'éternel repos
de la Patrie ! Pourquoi si peu connaissent-ils le *don de
Dieu* [2] !

Cependant, prières, communions, Saints-Sacrifices,
pénitences, victimes s'offrant volontairement pour être
substituées à celle choisie par la mort, tout était tenté,
afin de faire violence au cœur de Dieu, et d'obtenir,
contre toute espérance, la conservation d'une vie que
bien des motifs nous faisaient estimer devoir être précieuse et féconde ; mais, à l'encontre de nos vœux, le
malade en formait d'autres qui devaient prévaloir dans
les conseils d'en-Haut. Mourir, afin d'être réuni à Jésus,
lui semblait de beaucoup le meilleur [3], et ce désir du
ciel ne le cédait, dans son âme, qu'à l'amoureux abandon
entre les mains de Dieu. Citons quelques traits seulement d'une conversation échangée entre le Frère Hippolyte et le Religieux qui l'assistait, après la cérémonie de la profession.

« Bien cher Frère, lui disait celui-ci, voudriez-vous,
« avec l'autorisation de vos Supérieurs, faire un vœu ? »
—« Lequel, mon Père ?»—« Celui d'aller en pèlerinage au
« sanctuaire de Notre-Dame de Lourdes, si vous recouvrez

1. S. Thomas, Sum. Theol. 2ª 2æ q. CLXXXIX. art. 10 ad 3ᵐ.
2. Joan. IV, 10.
3. Philip. II, 23.

« la santé? » — « Oh ! non, pas ce pèlerinage, répon-
« dit-il en souriant ; mais un autre. » — « Lequel? » —
« Celui du ciel ; là je trouverai la très-sainte Vierge
« *avec ma petite mère.* » — « Et pourtant si le bon Dieu
« voulait vous guérir? » — « O mon Dieu ! *fiat volun-*
« *tas tua sicut in cœlo et in terra* [1] ! » — « Et si Notre-Sei-
« gneur voulait prolonger vos souffrances? » — « **Mon**
« Jésus, tout ce qu'il vous plaira ; faites-moi souffrir
« encore plusieurs années, si tel est votre bon plaisir :
« *Non sicut ego volo, sed sicut tu* [2]. »

Quelles ne doivent pas être les complaisances que
Notre-Seigneur prend dans une âme dont l'aliment comme
la devise est l'accomplissement parfait des volontés du
Père Céleste.[3] ! Quelle confiance et quelle paix ne lais-
sent pas après elles ces complaisances divines ! Mon
peuple, dit le Seigneur, s'assoira dans la beauté de la
paix, sous les tentes de la confiance, dans un riche
repos : *Et sedebit populus meus in pulchritudine pacis,
et in tabernaculis fiduciæ, et in requie opulenta* [4].

Sur ces entrefaites, vers six heures du soir de ce
même jour 29 juillet, Monsieur Groleau arrivait au
couvent, le cœur brisé par la pensée qu'il allait au devant d'un nouveau deuil, et inquiet de l'impression que
produirait sur le malade une visite sous laquelle il était si
facile d'entrevoir un suprême adieu. Le saint Évangile

---

1. Matth. vi, 10.
2. Matth. xxvi, 39.
3. Meus cibus est ut faciam voluntatem ejus qui misit me
(Joann. iv, 34). — Vocaberis voluntas mea in ea, quia complacuit
Domino in te (Is. lxii, 4).
4. Isai. xxxii, 18.

rapporte que Notre-Seigneur se rendant à Jérusalem, lieu de son prochain supplice, « affermissait sa face [1] » de peur, sans doute, qu'une tristesse hâtive, empreinte sur ses traits, ne trahît avant le temps les angoisses dont son âme était pleine. Ainsi Monsieur Groleau, après avoir, auprès de nous, puisé ses premiers renseignements et versé ses premières larmes, s'approchant du lit de son fils, s'efforçait de se raidir contre les manifestations extérieures d'émotions redoutées. Mais Dieu est fidèle, nous dit l'apôtre saint Paul : quand il envoie l'épreuve, il donne au même temps le secours pour la faire supporter et la rendre profitable [2]. A peine Monsieur Groleau et le Frère Hippolyte s'étaient-ils embrassés, avaient-ils échangé quelques regards et quelques mots, que la grâce victorieuse dominait en eux toutes les résistances comme toutes les défaillances de la nature, et débordait de leurs lèvres en paroles de résignation, de force, de consolation mutuelle, de joie même, de cette joie incompréhensible que l'amour de Dieu, lorsqu'il règne en maître, sait faire éclore du sein de la souffrance [3], et répandre sur la mort comme sur la vie : *Sive vivimus, sive morimur, Domini sumus* [4]. Il serait impossible de reproduire les entretiens dn père et du fils, d'en donner même une lointaine idée. Ils se disaient l'un à l'autre leur affec-

1. Et ipse faciem suam firmavit, ut iret in Jerusalem (Luc IX, 51).
2. Fidelis autem Deus est qui non patietur vos tentari supra id quod potestis, sed faciet etiam cum tentatione proventum, ut possitis sustinere (I Cor. X, 13).
3. Repletus sum consolatione, superabundo gaudio in omni tribulatione (II Cor. VII, 4).
4. Rom. XIV, 8.

5

tion et leurs espérances, dans un langage et avec un
accent que ceux-là seuls trouvent et connaissent, qui,
ayant gardé et développé en eux le *sens du Christ*[1],
goûtent les choses du ciel et non celles de la terre.[2]
Quel spectacle digne des Anges, et quel commentaire
vivant de la parole de Notre-Seigneur : « Bienheureux
ceux qui pleurent, parce qu'ils seront consolés : *Beati
qui lugent, quoniam ipsi consolabuntur* [3] » !

La nuit du samedi 29 au dimanche 30 juillet s'était
écoulée dans un calme relatif ; mais, vers quatre heures
et demie du matin, une crise nouvelle se déclara. Le
malade la salua par ces paroles d'espérance et d'actions de grâces : « Ma petite mère est morte un samedi,
« jour consacré à la très-sainte Vierge ; moi, je mour-
« rai un dimanche. Quel beau jour ! c'est celui de la
« Résurrection. » Un instant nous craignîmes que l'heure
suprême ne fût venue. La communauté fut convoquée
à l'infirmerie pour les prières de la recommandation de
l'âme. A chaque invocation des Litanies, nous enten-
dions le Frère Hippolyte répondre distinctement et
pieusement : « *Ora pro me.* » Conformément à une tra-
dition plusieurs fois séculaire dans l'Ordre de Saint-Dominique, on entonna ensuite le *Salve Regina*. La voix af-
faiblie du moribond s'unissait à celles de ses frères,
pour chanter une dernière fois sur la terre cette dé-
vote louange à Marie, et demander à la Mère de miséricorde que, par son intercession puissante, elle fasse
succéder à nos tristesses dans cette vallée de larmes,

1. I Cor. II, 16.
2. Col. III, 2.
3. Matth. v, 5.

la joie de voir éternellement Jésus, le fruit béni de ses entrailles : *Et Jesum benedictum fructum ventris tui nobis post hoc exilium ostende.* L'antienne terminée, le Frère Hippolyte voulut qu'on lui appliquât l'indulgence plénière *in articulo mortis* ; puis il embrassa son père et les Religieux, tirant de son cœur, pour chacun, une parole d'affection. Tous, nous avions les larmes dans les yeux : pour lui, il était calme : la sérénité empreinte sur son visage nous rappelait les adieux de Notre-Seigneur à ses disciples avant sa Passion : « Je « vous laisse la paix, une paix que le monde ne con- « naît pas ; vous qui m'aimez, ne vous troublez pas « et ne craignez point : bien plutôt réjouissez-vous, « car voici que je vais à mon Père [1]. »

Ce jour, le dernier en effet de son pèlerinage terrestre, le Frère Hippolyte le passa dans une prière à peu près ininterrompue, et comme dans un continuel cantique d'amour. Avec quelle ferveur il répétait ces invocations pieuses qu'il s'était rendues familières : « Mon Jésus, miséricorde ! — Doux Cœur de Marie, soyez mon salut. — Jésus, Marie, Dominique, je vous donne mon cœur, mon esprit et ma vie. — Saint Joseph, patron de la bonne mort, priez pour moi ! »

D'autres fois, pour exprimer les sentiments de son âme, il empruntait les paroles de la sainte Écriture ou de la Liturgie : « Je chanterai éternellement les miséricordes du Seigneur [2]. — O mon Dieu, un seul jour passé dans vos tabernacles vaut mieux que mille

---

1. Joann. XIV, 27, 28.
2. Misericordias Domini in æternum cantabo (Ps. LXXXVIII, 2).

autres loin de vous [1]. — Bienheureux celui qui espère
en vous [2]. » Mais il affectionnait particulièrement les
versets du Psaume xxx°, vrai cantique du saint abandon, que l'Église fait réciter chaque jour à l'Office de
Complies : « C'est en vous, Seigneur, que je mets ma
confiance ; ne permettez pas que je sois confondu.
Soyez attentif à ma prière ; hâtez-vous de me délivrer ;
vous êtes ma force et mon unique refuge. Je remets
mon âme entre vos mains : c'est vous, ô mon Dieu,
qui m'avez racheté [3]. »

Ou bien c'était de pieux colloques avec Jésus et
Marie : « O bon Jésus, je vous aime sans doute bien
peu ; je vous aime cependant, il me semble, autant
que ma faiblesse me le permet. Je voudrais pouvoir
vous aimer infiniment. — Je suis content de mourir
pour aller vous voir, mon bon Jésus ! — Marie, ma
bonne Mère, vous êtes appelée la *Porte du Ciel* [4] ; c'est
pourquoi je m'abandonne à vous, afin que vous me
conduisiez à Jésus ! — Qui pourra comprendre, ô Marie,
les ineffables trésors de votre charité envers les pauvres
pécheurs ? Ils ont beau descendre bien bas, votre
charité irait les chercher plus bas encore : vous les
prenez dans vos bras, vous les pressez sur votre cœur,
et vous les ramenez à Jésus. »

Ici, c'était un service rendu qui devenait, pour le
malade, l'occasion de manifester, par de saintes paroles,
et sa reconnaissance, et son union intime avec Dieu.

---

1. Melior est dies una in atriis tuis super millia (Ps. LXXXVIII, 2).
2. Beatus homo qui sperat in te (Ps. LXXXIII, 13).
3. Ps. XXX, 1-6.
4. *Janua cœli* : invocation des Litanies de Lorette.

Une fois, par exemple, l'infirmier lui donnait un peu
de glace pour rafraîchir ses lèvres desséchées, et pré-
venir le retour d'un hoquet qui le fatiguait beaucoup.
« Le bon Jésus en croix, dit aussitôt le Frère Hippolyte,
« n'avait que du fiel et du vinaigre pour apaiser sa soif ;
« cependant il souffrait bien plus que moi, et il souf-
« frait pour moi. Si j'accepte ce soulagement, mais
« uniquement par obéissance, ce sera encore un acte
« méritoire, n'est-ce pas, mon Père ? »

Un instant, comme il venait de s'entretenir sur le
bonheur des élus, son humilité sembla s'alarmer :
« Mais ne suis-je pas bien misérable pour aller au
« Ciel ? » dit-il au Religieux qui l'assistait ; et comme
celui-ci lui rappelait que le solide fondement de notre
confiance, ce sont les mérites de Notre-Seigneur, et le
prix infini de son Sang, le Frère Hippolyte reprit avec
vivacité : « Oui, par les mérites de Jésus, qui a tant
« souffert pour nous. » En prononçant ces paroles, il
baisait les pieds du crucifix qu'il tenait dans les mains.
Après un moment de silence, il ajoutait : « Pour
nous si indignes, ce serait déjà trop d'être éternelle-
« ment à ses pieds adorables ; et cependant Jésus veut
« bien nous permettre de reposer sur son cœur. » Et
aussitôt il collait amoureusement ses lèvres sur la plaie
du côté.

A deux reprises différentes, dans cette même journée
du 30 juillet, le matin d'abord, après les prières de
la recommandation de l'âme, puis et surtout, vers trois
heures de l'après-midi, l'effusion ardente des sentiments de notre Novice prit un caractère plus soutenu,
je dirais presque solennel. Ce n'étaient plus des élans

passagers de son âme provoqués par des causes et des
circonstances disparates, mais plutôt une oraison continue, faite à demi-voix, dans laquelle les considérations
parfois élevées s'enchaînaient les unes aux autres et
amenaient à leur suite des affections pleines de ferveur
et de piété. Dans le dernier de ces épanchements, le
cher mourant nous exprimait par des paroles vives et
brûlantes la haute idée qu'il s'était formée de la vie
religieuse et de la dignité sacerdotale, le bonheur qu'il
eût éprouvé à célébrer les saints Mystères, à distribuer
le Pain de vie et à annoncer la parole de Dieu. Puis,
avec une humilité profonde, il déposait aux pieds de
Notre-Seigneur le sacrifice très-entier et très-généreux
des désirs et des espérances qui l'avaient conduit en
Religion : « Du moins, disait-il en terminant, je tien-
« drai l'encensoir devant le trône de l'Agneau [1]. »

Cet entretien, mélange délicieux de zèle et d'onction,
avait duré plus d'une heure, lorsque nous crûmes
devoir l'interrompre et inviter le Frère à un peu de
silence et de repos, de peur d'une nouvelle crise.

Les forces du malade diminuaient en effet sensible-
ment. Par suite peut-être de cet affaiblissement lui-
même, les vomissements avaient cessé depuis quelques
heures. Nous pensâmes dès lors pouvoir, sans péril
pour les saintes Espèces, administrer le saint Viatique.
Le Frère voulut, avant de recevoir son Dieu, se confesser encore et renouveler l'offrande de sa vie. Il était
six heures du soir, lorsqu'il reçut la sainte Communion
que lui apportait le T.-R. P. Prieur. Encore un peu de

_____

1. Ex Apoc. VIII, 3.

temps, et Jésus allait revenir pour appeler à lui l'âme de son fidèle serviteur, et l'admettre, nous l'espérons, à la participation des récompenses éternelles : *Iterum venio et accipiam vos ad meipsum, ut ubi sum ego, et vos sitis* [1].

Pendant les quatre heures qui suivirent, l'esprit du moribond sembla ne pas subir le contre-coup de l'affaissement du corps. La pensée demeurait lucide et calme, quoiqu'elle ne pût plus s'exprimer que par des signes ou par quelques mots très-courts. C'est à peine si, à de rares intervalles, nous avons saisi quelques traces fugitives de délire, et quelques indices d'angoisses intérieures bien vite apaisées, du reste, par un signe de croix, une aspersion d'eau bénite, un baiser donné au Crucifix, ou quelqu'autre acte pieux suggéré à propos.

Vers dix heures, les symptômes avant-coureurs de la mort apparurent. La respiration était faible, courte et précipitée, les membres à demi-glacés s'agitaient d'une manière inquiète et convulsive. C'était la dernière agonie. Cependant le malade put entendre encore les paroles d'encouragement et de confiance prononcées à son oreille, jeter, avant que ses yeux ne se voilassent, un regard sur le Religieux qui l'assistait, et témoigner par un geste significatif son désir de recevoir une nouvelle absolution. Il baisa encore une fois le Crucifix, puis il parut s'endormir. Nous commençâmes près de son lit la récitation du très-saint Rosaire. Nous venions d'achever la onzième dizaine,

1. Joann. xiv, 3.

celle qui correspond au Mystère de la Résurrection,
quand nous nous aperçûmes que nous n'avions plus
sous les yeux qu'une dépouille corruptible. L'âme du
Frère Hippolyte était entrée dans son éternité, mais si
paisiblement, que nos regards attentifs n'avaient pas
pu saisir l'instant où elle s'était dégagée des liens du
corps. Il était onze heures du soir ; le Frère était
mort « le dimanche, jour consacré à la Résurrection »,
ainsi qu'il l'avait pressenti et souhaité.

Monsieur Groleau, qui priait avec nous, ferma lui-
même les yeux de son enfant.

Après les prières liturgiques *egressa anima*, nous
revêtîmes le corps du défunt des habits de l'Ordre, et
nous le transportâmes au Chœur. Les Matines venaient
de finir. On commença aussitôt, près des restes mortels
de notre Frère, la récitation du Psautier, prière qui,
d'après l'usage de la Famille Dominicaine, doit se
continuer jusqu'à la sépulture.

Nous avions le désir et nous nourrissions l'espoir de
conserver dans l'enceinte de notre couvent la tombe du
Frère Hippolyte. D'ailleurs, c'est le vœu de l'Eglise, ou
plutôt c'est sa volonté expressément formulée dans sa
législation, que les dépouilles corruptibles des Religieux reposent et attendent la résurrection dans les
cloîtres mêmes où ces Religieux ont vécu, où ils se
sont sanctifiés après bien des générations dont ils
avaient recueilli l'héritage et l'esprit. Une tombe dans
un monastère, c'est, pour les Frères qui y habitent, le
souvenir permanent de la mort, avec tout un cortége
de fortes et salutaires pensées. L'Esprit-Saint n'a-t-il
pas dit : « Dans toutes vos œuvres, rappelez-vous vos

« fins dernières, et vous ne pécherez pas [1] » ? C'est
pour le défunt une source intarissable de suffrages ;
car comment des Frères passeraient-ils sans prier,
devant la pierre sépulcrale sur laquelle est gravé le
nom d'un Frère? Nous savions que, par suite de certaines dispositions des lois civiles, nos désirs ne pou-
vaient se réaliser qu'à la condition d'un acte de haute
bienveillance de la part des autorités locales ; mais
nous savions aussi que ces sortes de concessions ne
sont pas sans exemple ; il nous semblait que l'éten-
due considérable de notre enclos et sa position écartée,
à une extrémité de la ville seraient, pour notre requête,
une garantie de succès. Les démarches nécessaires
furent faites près de l'Administration; mais sans
amener le résultat souhaité. Monsieur Groleau nous
demanda alors d'emmener à Angers les restes vénérés
de son fils, et de les déposer dans une sépulture de
famille. Aucun motif ne nous empêchait plus d'acquies-
cer à ce désir. Après avoir chanté la Messe dans notre
église conventuelle, et accompli toutes les cérémonies
funèbres, nous conduisîmes à la gare cette dépouille
mortelle que nous regrettions de ne pouvoir conserver
dans notre monastère.

La *Semaine Religieuse* d'Angers [2], dans une notice
consacrée à la mémoire de notre Frère, a dit comment
le corps du jeune Religieux fut reçu, de quelle vénéra-
tion pieuse il fut entouré de la part des anciens condis-

---

1. In omnibus operibus tuis memorare novissima tua, et in æternum non peccabis (Eccl. vii, 40).
2. Numéro du 13 août 1876.

ciples d'Arthur au Petit-Séminaire Mongazon et des nombreux amis de la respectable famille Groleau.

Le fils repose désormais à côté de sa mère, et attend avec elle l'heure de la résurrection bienheureuse. Chéri de Dieu et des hommes, le Frère Hippolyte laisse parmi tous ceux qui le connurent une mémoire bénie : *Dilectus Deo et hominibus, cujus memoria in benedictione est* [1]. Nous qui, pendant la courte durée de sa vie religieuse, avons été le témoin et le confident assidu des pensées et des sentiments de ce fils spirituel, ne pourrions-nous pas ajouter : *In fide et lenitate sanctum fecit illum... et beatificavit illum in gloria* [2] : Dieu l'a sanctifié dans l'esprit de foi et la douceur,... et il l'a couronné dans la gloire ?

1. Eccli. xlv, 1.
2. Ibid. 4, 8.

TABLE DES MATIÈRES

POITIERS. — TYPOGRAPHIE DE H. OUDIN FRÈRES.

www.ingramcontent.com/pod-product-compliance
Lightning Source LLC
LaVergne TN
LVHW050646090426
835512LV00007B/1062